足立辰雄 著
田中裕久 シナリオ制作
浜之こうし 作画

マンガでやさしくわかる
CSR
Corporate Social Responsibility

日本能率協会マネジメントセンター

はじめに

CSRは会社を正しい方向へ成長させる！

「CSR（企業の社会的責任）」という新しいマネジメントが世界中の企業に普及しています。日本の大企業では早くから関心を示し導入されていますが、中小企業の間でもCSRへの関心が高まっています。

CSRは、私たちの経済と経営にどのような影響を与え、日本の社会を変えていくのでしょうか？　これまでの経営を大きく革新するCSRとはどのようなマネジメントなのか、目先の利益を追わず会社の成長を正しい方向に導いてビジネスの成功をもたらすCSRについて考えていきます。

どんな人でも知っておくべきCSR

企業の経営者は、自分の会社の財務の実績を見て、日進月歩で改善を行い、会社を良い方向に変えたいと願っていることでしょう。そこに、CSRを導入して新しいビジネスのチャンスや成長を見出すなら、持続可能な企業の成長と発展への正確なデザイン（設計図）を持つことができます。

企業で働くビジネスパーソンは、給与を受け取るために、健康と家族の生活にとって望ましくない長時間労働（残業）をやむなく受け入れ、企業の業務目標と働く環境の間で疑問や矛盾を感じていませんか？

どのような働き方が自分自身と会社、家族、地域社会のためになるのか、どのようにして職場の働く環境を良い方向に変えることができるのか、その解決策をＣＳＲに見つけることができます。ＣＳＲは、日本人の労働観を豊かにして、労働環境を変え、働くことへの幸福感（充実感）を高めることができます。

ある企業の製品やサービスを購入している消費者も、企業が販売する製品やサービスの安全性や信頼性を知ろうとすれば、各社が公開しているＣＳＲの情報（実績）から判断し、優れた企業の製品やサービスを選択できます。

これから、大学や高校で専門的知識や教養を身につけて将来のビジネスパーソンや起業家（会社を創業する経営者）を目指す若者も、ＣＳＲが公正な成長を進める21世紀のマネジメントであることを知り、良い会社を判断する際のツール（物差し）として、ＣＳＲの知識は役立つでしょう。

本書は、ＣＳＲという言葉をまだ知らない方にも、ＣＳＲを知ってはいたが十分な理解がなかった方にも、その本質を、マンガでわかりやすく説明しています。

ＣＳＲは頑丈な宝船

ＣＳＲは、七福神の乗る宝船のように公正な繁栄をもたらす運搬手段の役割を持つマネジメントです。富をもたらす象徴である七福神も頑丈な宝船なしには宝物を運べませんよね。どのような宝船（徳のある企業）とどのような宝物（環境と社会に有益な製品やサービス）を作り上げていくかは、ＣＳＲを理解している経営者と働く者、企業を支える多くの関係者（ステークホルダー）の持続的な協働作業に任されます。

もちろん、経済の公正な発展のためには、企業以外の組織や制度、政治的支援も必要になるので、ＣＳＲだけで社会に富をもたらすわけではありませんが、持続可能な経済・社会作りにＣＳＲは大きな役割を果たします。

それでは、ＣＳＲの世界を知る旅を始めましょう。

足立辰雄

第3章　CSR経営を行うには

第4章　日本企業ならではのCSRとは?

マンガの制作にあたり、
池内タオル（現　IKEUCHI ORGANIC）第二代代表取締役社長
池内計司氏の半生を参考にさせていただきました。
この場を借りて厚く御礼申し上げます。

第1章

CSRって何だろう？

STORY 1　香織、CSRを感じる

東京
広告代理店　良広企画本社
営業部
今月より わが社は 残業時間を
限りなく ゼロにしていく ことを目指して いきます
各自 各グループは 時短のために 工夫をこらして
!
お世話に なって おります
寿物産の 山下と申します
今お話 しても…
はい 大丈夫です

先日の
新規広告の件
3番目の案で
進めてください
はい！
ありがとう
ございます！
わたし
谷村香織　27歳
良広企画に
勤めて6年目
寿の
山下さんから
3番目の
案でいきたい
そうです
よっしゃ！
木曜までに
内容詰めてもう
2案出すよー
はい!!
谷村さん
総務部に
来てほしいって
今日中に！
総務部？
それと今日の
会議11時から
です
はーい
RRR
1階受付です
黒村商事の藤堂様が
お見えです
はい！
今すぐ
行きます！
どんなに忙しくても
弱音を吐かない自信がある
あの～
谷村さん
ちょっとこれ
ごめん
あとでねー

総務部
有休消化ァ!?
そんなヒマないですって! 残業ゼロにしなきゃいけないのに!
谷村さんは昨年分の残りもありますね
残業ゼロだけでなく有休もきちんと取るようにと
上からの指示です
取りなさい。
う…
それでは会議をはじめます
みなさんお忙しい中での会議なので
立ったまますなるべく短い時間で進めたいと思います
どうすっかなぁ…
香織
突然なんだけど来週有休とることになって旅行とか一緒にどう?
佑介
無理無理無理!! 有休残0なのでスマン!!!
残0…

先日作成したCSR向上キャンペーン広告ですが
全ボツですどれもOKが出ませんでした
先方はなんて？
CSRによるメリットが理解できるわかりやすさがほしいという要望がありました
文字の多い報告書のようで読みにくいとも言われて
CSRは概念が広範囲でピントを絞るのが難しくて
これはいろいろ集めた資料ですどうぞ
なんかキーワード的なとっかかりがほしいんです
ざっくりとまとめるとこんな感じか
CSR
（Corporate Social Responsibility）
=企業の社会的責任
企業
環境・資源に配慮します
人々が生きやすい社会づくりに協力します
利益や資産の一部を世の中に還元します

マネジメントの歴史
科学的管理法
テーラー
1日の作業量＝課業を設定
計画的な生産活動を!!
科学的管理法は
目標に基づく
管理の基礎と
なりました
メイヨー
人間関係論
作業効率を上げるには
人間関係が重要である
社員の仕事に対する
満足度を上げる
考え方
行動科学
バーナード
働く人々の
積極的な貢献の
気持ちを引き出す
経営戦略論
中・長期的に
業績を上げる
シナリオを！
競争に
勝つための
方法とは？
CSR
(企業の社会的責任)
企業に関わる多くの人々と
より長く、良好な関係を
築くことは企業にとっても
有益なことなのです!!
本書で紹介する
CSRは最後に
登場した
新しい学説です

日本企業でCSR実績の代表例がこの
!!
株式会社千年堂タオル
今治のタオルメーカーです
アメリカの展示会で最優秀賞受賞もしてるんだ
知ってる今治タオルってオーガニックコットンで有名ですよね
オレ家で使ってますよ
あのこれ
うちの父です…
も〜っ
おとーさん何で知らせてくれないのよ!?

ほーっ
お前がうちの会社に興味を持つとはめずらしいな！
こりゃ明日今治に七つの雪が降るかな!?
演歌ネタ入れてこないで！
それよりCSRについて教えてよ！
いま仕事でどうしても情報がほしいの！
話すと長くなるぞ！
はは
どーしても知りたいなら1回こっち帰ってこい
工場見学もつけてじっくり説明してやる
！
有休消化7日間
行先決定
ぐっ
わかった来週行く

結局
帰省することになっちゃった
まぁ仕事も兼ねてるんだけどね
そっかー
いいねぇ
有休
俺には失われて久しい響きだよ
引き継ぎの面倒さとかで遠慮しないわけ？
佑介っていつもそういうとこ気楽だよね
え？
だってそうだろ？
社員の抜けた穴をバックアップできるのが企業なんだから
あれ？
わたし強がってる？

昨日の引き継ぎは
とてもスムーズだった
後輩たちもしっかり
していた
私でなくても
私がいなくても
仕事を回せるのが
会社…
私ひょっとして
見栄はった？
ゴオオオオ
「替えのきかない
私を会社が
必要としている」
アピール？
いや
でも！
今治での
調査は私にしか
できない
ことだし…
うわ
なんか
取り
つくろってる
みたい…

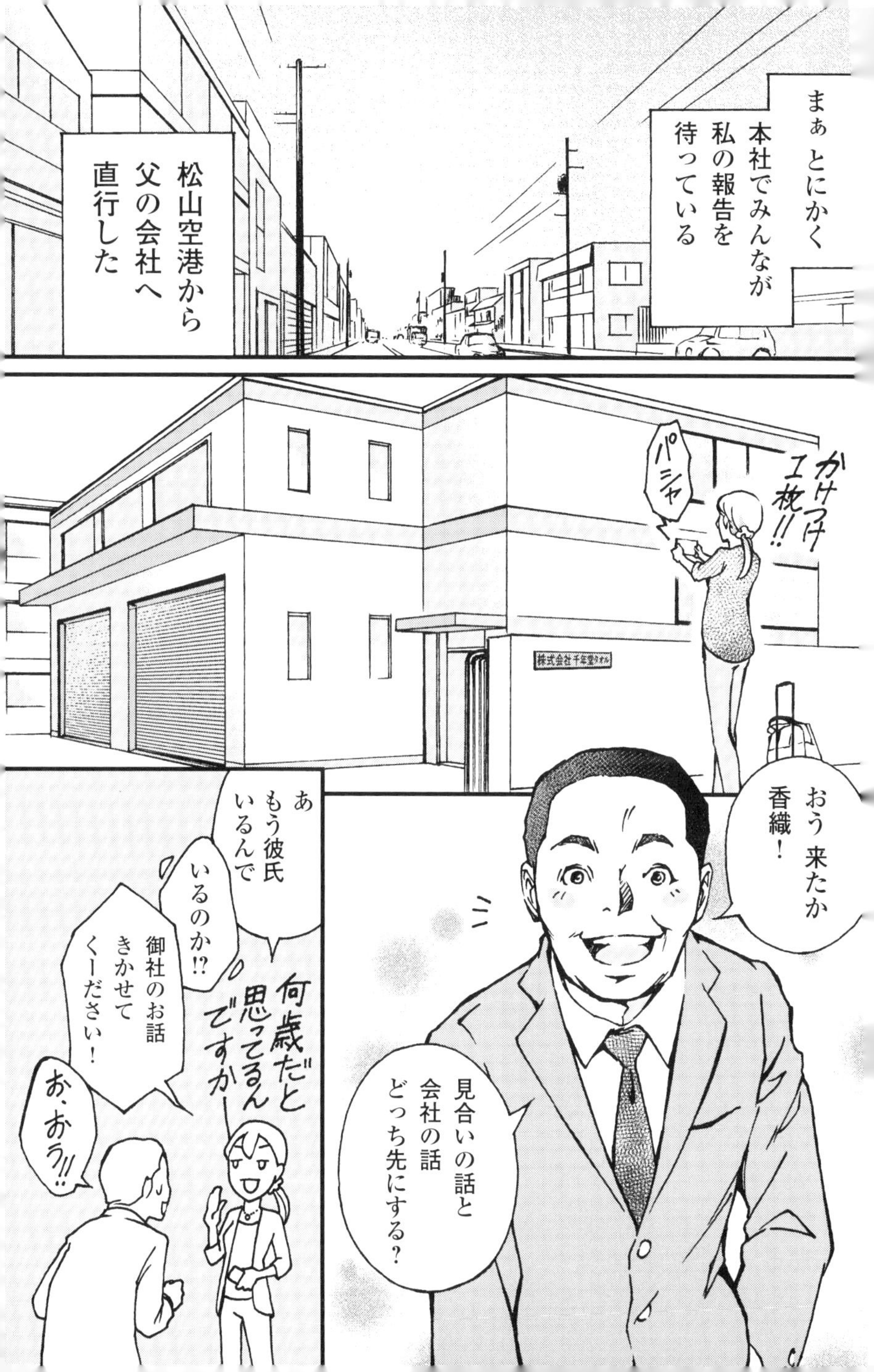
まぁ とにかく
本社でみんなが
私の報告を
待っている
松山空港から
父の会社へ
直行した
かけつけ
1枚!!
パシャ
株式会社 千年堂タオル
おう 来たか
香織!
見合いの話と
会社の話
どっち先にする?
あ
もう彼氏
いるんで
いるのか!?
御社のお話
きかせて
くーださい!
何歳だと
思ってるん
ですか
お、おう!!

まず言っておくが最初からCSRってな考え方を導入したわけじゃない
よかれと思ってやったことの積み重ねが結果としてCSRだったってわけだ
会社を興した当初は100%オーガニックタオルを目指してた？
ははっ
まさか！あん時は若かったしとにかく売上を伸ばさなきゃで一生懸命よ
当時は公害が社会問題化していてな
公害の原因企業の責任をめぐる裁判も相次いでいた
ただ初期の顧客は地元が多くてさよろこばれこそすれ陰口叩かれるようなことはやらねえぞって決めてたね
企業の社会的責任に通じる考え方よね
うん
中小企業のオレ達としては
訴えられて裁判で争うことに金使うくらいならもっと信用されることに使いたいと思った
オレ達？

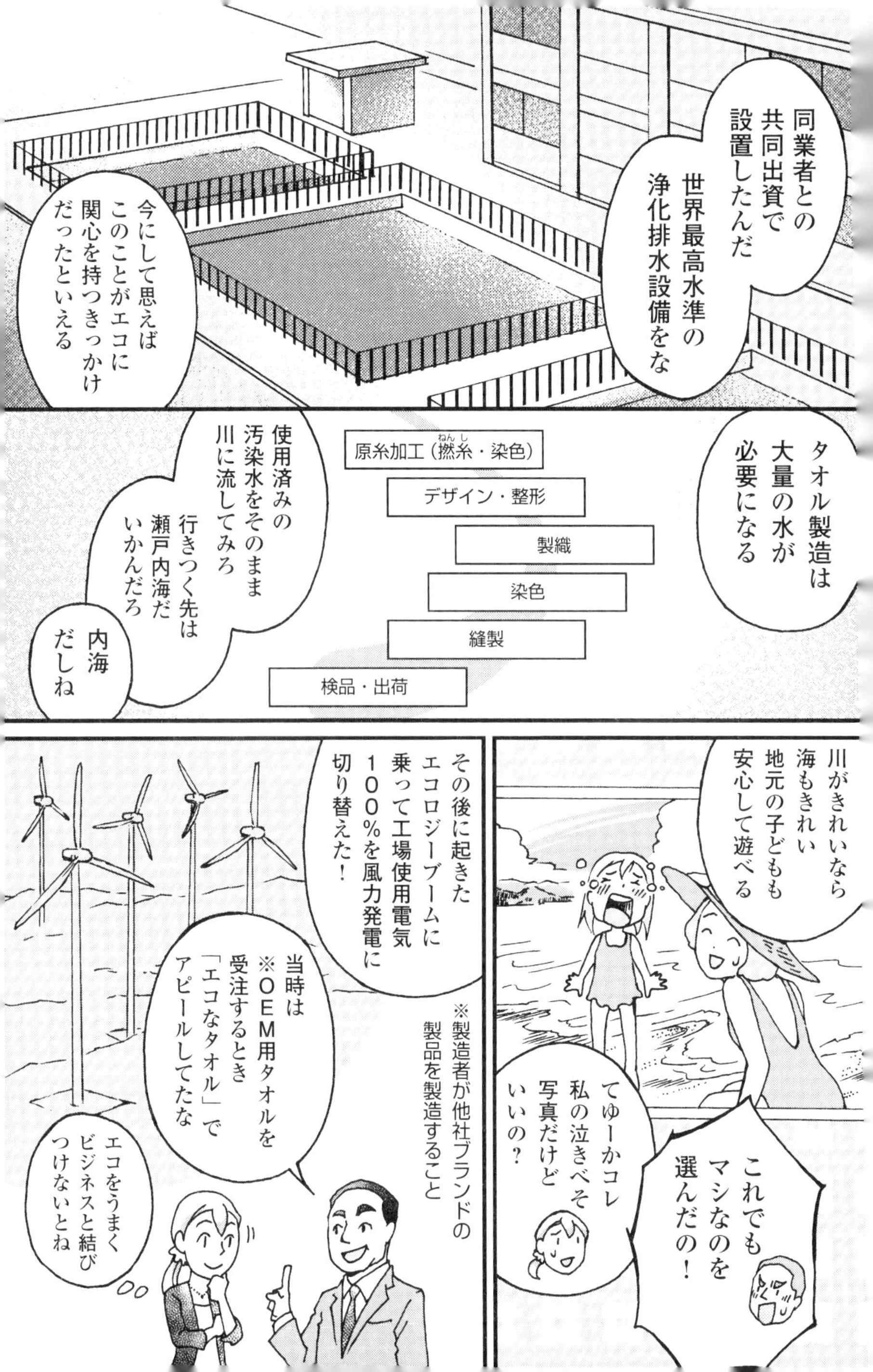
同業者との共同出資で設置したんだ
世界最高水準の浄化排水設備をな
今にして思えばこのことがエコに関心を持つきっかけだったといえる
タオル製造は大量の水が必要になる
原糸加工（撚糸《ねんし》・染色）
デザイン・整形
製織
染色
縫製
検品・出荷
使用済みの汚染水をそのまま川に流してみろ
行きつく先は瀬戸内海だ いかんだろ
内海だしね
川がきれいなら海もきれい 地元の子どもも安心して遊べる
てゆーかコレ私の泣きべそ写真だけどいいの？
これでもマシなのを選んだの！
その後に起きたエコロジーブームに乗って工場使用電気100％を風力発電に切り替えた！
※製造者が他社ブランドの製品を製造すること
当時は※OEM用タオルを受注するとき「エコなタオル」でアピールしてたな
エコをうまくビジネスと結びつけないとね

さて
ここで問題
この2枚のタオル
違いは何か？
…？
色とサイズ
厚みも同じ
肌触り
も…？
どっちも
ふわふわ…
シュッ
わ…
吸水性に
違いが
あるんだ
これは
「赤ちゃんに気持ちよく
使ってほしい」をコンセプトに
作ったタオルだ
原料のコットンから
安心安全にこだわった
うちのイチオシ
なるほど
オーガニックコットンに
付加価値をつけた
商品ってわけね
では
オーガニックに
関してもうひとつ
問題
もしお前が
うちの営業だったら
消費者に向けて
他にどんなアピールが
できる？
えっと…
エコ…だから？

10年前
その理由も
一緒に売り込む
セールスマンが
いてな
環境意識の高い
タオルメーカーを
調べ上げて
海外からわざわざ
ウチを訪ねて
来たんだ
サンプルを見ての通り
オーガニックコットンでも
品質の良いタオルを
作ることは可能です
あなたが
原価を気にしている
のはわかっています
しかし
原産国で大量の
農薬を使って作られる
安いコットンと
無農薬で作られる
高いコットン
あなたは
どちらを仕入れ
続けますか？
そのとき
思っちまった
こんなちっぽけな
タオルメーカーでも
100%オーガニック
コットンを使って
いいタオル作って
そんで世の中に
売り出したらなんか
変わるかもしれないってね

なぁ香織
お前 この会社 継いでみないか?
……へ?
なに言ってんの お父さん!?
私 広告代理店の 営業だし
安い中国からの 輸入タオルに 今治が勝つと思えないので
進学を期に 上京して東京で 就職したいと 思います!!
進路相談で こんなこと言ってた ヤツだよ!?
先見の明なんざ 期待しちゃ いねえよ
俺にも ねえんだから
ふん!
今でも目の前の 事態に追われて ばっかだしな

それとな
香織
急ぎじゃないが
考えといてくれ
会社も生き物だから
変化していく
そのためには
よそ者が必要って
ことにもなるんだぞ
あ…うん
おっと、
工場の方も
見学するよな？
案内を手配
するから
行ってこい
今日中に報告書
あげとくつもり
だったのに
なんか全然
集中できな
かった…
新着メールは
ありません
営業部から
メールはナシ
まぁ
こんなものよね

うたげ
かんぱーい!!
おつかれー
岩田オシャレになったねぇ
松山でカフェの店長やってる
お店の内装すごく凝ってるよねー
いまどきはさぁ写真映えしないと
みてみてー
アキが4月にめでたく出産
かわいいい!
東京生活どう? ずっとやっててキツくない?
今月から残業ゼロ方針になってさぁ
なら彼氏と遊びに行けるね
どうかな
まぁしばらくは自宅に仕事持ち帰ることに…
ん!
このトマトおいひい!

ですよね☆
あれ？
香織だよな？
大声すぎ
ひょっとして
健太!?
色…
黒!!
サーファー？
農業だよ
このデカ声の
健太は
中学まで一緒で
色白だった幼なじみ
である
ラリャー

じゃあここは健太が作った野菜が食べられるアンテナショップってこと？
俺の城みてえな言い方すんなよ
女将さんに許可もらって客の反応見させてもらってんの
ついでに店の手伝いもな
いま地元の若い農家に声かけててさ
作った野菜を独自ブランド化して売り出したいんだよなぁ
東京戻ったら連絡くれよな
新鮮野菜セット宅配サービス展開中だ！
おう！
あぁコイツ営業部にスカウトしたいわ～
080-

あ
お母さん？
もう少ししたら
帰るけど
え？
お父さんが
倒れた…!?
ありがとね！
おう
そして考えていた
私が
父の立場だったら
いま何を一番
気にするだろうか？
香織…
突然の事態に
私の頭はさえていて
お母さん
お父さんの
ケータイ持ってる？
え？

気づくと
私は千年堂タオルの社員と
連絡を取り明日からの
業務代行と確認を
頼んでいた
まったく
仕事好きなのは
父親譲り
なのかもしれない
東京で
働く自分は
とても恵まれている
のだと気づいた
私にあって父にないもの
MILK TEA
香織
それは
自分の
代わりと
引き継ぐための
時間だ
お父さん
意識戻ったって

1週間後
明日体調が良さそうなら常務さんがお見舞い来るからヒゲそっときなよ
ん！
あとこれさっき工場長さんからのメールだけど
？
「アゲオチベースヘムチャ50ＯＫ」ってなに？
今治タオルおみやげ
勤め先に送っといたから会社の皆様に配っときなさい
ベース
ヘム
アゲオチ＝凸凹加工のあるタオル
茶＝チャ
発送済OK!!
…ありがと…

いったん
東京戻って
よく考え
もう
決めた
お父さん
私
千年堂タオル
継ぐから
はあ～……
また独断専行したな
って佑介に言われん
だろうな～
あーもー
しょーがないよね
とりあえず
メールしとけ
ピッ

香織お前
ガサツ…
でもさあ
大事なことは
すぐ伝えとかないと
悪いじゃん？
……
1ヵ月後
私は良広企画を
退職した
そして
私と佑介は
どうなったかと
いうと…
へー
海外でイベント
そ、
日本各地の
産物を紹介するって
いうやつ
の
チーム
リーダーか
うわー
いろいろめんどい
仕事だねぇ
ゴロ
ゴロ
ゴロ
ゴロ
ゴロ
ゴロ

なわけで たぶん3ヵ月先まで バタバタする
俺達の今後についてはあとで！
フランス行き
今治行き
そうだね！ お互い落ち着いたら話し合おうね！
保留した。
ゴ
まあ そんなこんなで
株式会社
今治で 私の第2ステージが はじまったのです

父・和雄の言葉によってCSRへの理解を深めていく香織。そして、会社を継ぐことを決意する…。

次のページからは、CSRとは何か、なぜCSRが誕生したのかを、改めて学んでいきます。

わかるようでわからないCSR

社会から信頼される会社を作るCSR

15ページでは、香織の会社のメンバーがCSRについて首をひねっていましたね。このように「CSR」という言葉を聞いたことはあるけれど、理解し切れていない、そんな人も多いのではないでしょうか？

端的に説明するならば、CSRとは、ビジネスを進める中で、自然環境や社会環境へのダメージ（温室効果ガスや有害物質の排出、リサイクルされない使い捨ての材料の大量使用、長時間労働による健康への悪影響など）を少なくして、社会から信頼される会社を作るための持続可能なマネジメントの手法を意味します。

英語で「Corporate Social Responsibility」と表現され、その頭文字からCSRと略されているわけです。日本では「企業の社会的責任」と訳され、2000年頃から大企業を中心に普及し、最近では中小企業でも急速に普及しています。

ビジネスがお金儲けに走ってしまうと…

イギリスの産業革命以来、ビジネスは、製造業や流通業、サービス業、金融業など幅広い分野に分かれて発展してきましたが、ビジネスの本来の目的は、その事業を通して、より良い製品やサービスを顧客に届けて社会的な幸福（富）をもたらすことです。

日本人のほとんどが持っている携帯電話。人とのコミュニケーションや写真撮影、ゲームができて手放せないですよね。全国に展開するコンビニエンスストアでは、飲み物やお弁当、簡単な日常生活品を自由に購入することができて便利です。インターネットの通販では、注文すれば1～2日のうちに商品が届き、家族連れで郊外のショッピングセンターに行けば、たくさんの商品が並び、気に入った品物を選ぶことができます。

そして、そんな経済活動を媒介するお金があればあるほど、いろいろな商品を買うことができるし、蓄えることもできるため、人間の欲望を限りなく刺激します。

そのため、お金儲けが全てにおいて優先されると、企業が提供する商品やサービスがどのように社会の役に立っているのか、貢献しているのか、というビジネスの原点（人の生活を豊かにする富の実現）を見失う事態も生まれてしまいます。

お客に提供する商品の安全責任や環境責任をおろそかにしたり、企業で働く従業員の人権を軽視して働かせる「悪い企業」の多くは、ビジネスの最大の目的をお金儲けにおいてしまうわけです。

環境問題の原因が「人間」にある!?

私たちの消費生活が豊かになることはすばらしいことです。ですが、人間の経済的な活動の範囲と消費量が拡大すると、自然環境や社会環境に大きなダメージ（否定的な影響）を与えてしまいます。

例えば、大量の商品を生産地から消費地へ運ぶために、ガソリンを使った大型トラックが昼も夜も高速道路を走り、温暖化の原因と言われる二酸化炭素を大気中に排出しています。製品を生産する工場でも大量の電力が使用され、電力を送電する発電所の燃料源である化石燃料（石油や石炭）の使用を増やしています。

温暖化対策に有効で安全と宣伝されてきた原子力発電は、原発事故の起こる前から原発の定期点検やトラブルによる停止時に代替する火力発電によって電力会社の二酸化炭素の排出量を大幅に増やしてきました。レベル7というチェルノブイリと並んで世界最大の原発事故となった福島第一原発では、放射性物質の環境中への放出が現在も続いています。

自然豊かな田舎の一軒家から出た食べ物の残り物や糞尿などが土に埋められたり、河川に流されても、それらは小魚や微生物、水草の餌や肥料になって、自然の中で分解され、浄化されていました。

しかし、人口が増え、工場も建って、自然の浄化能力では処理できない大量の有害化学物質を含む廃棄物が排出されたり、不法に投棄されると公害問題が生まれます。ご存知の方も多いと思いますが、水俣病やイタイイタイ病がその典型です。

原因となる汚染源がわかっていて、被害のおよぼす地域が特定されているのが公害問題です。原因となる汚染源が1つの企業や地域に特定できず、国境を越えるグローバルな範囲まで、長期にわたって影響をおよぼすのが地球環境問題です。

地球温暖化や生物の種の絶滅、発展途上国を中心とする世界人口の急増、飢餓の進行など、環境問題の主な原因が、人間の経済活動と消費生活のあり方にあることがわかっています。

世界では所得の格差が広がっている

人間社会における所得の格差はどうでしょうか?

イギリス人の経済学者であるトマ・ピケティは、アメリカでは、2010年時点で、上位10%の富裕者(お金持ち)が国の富の70%を占め、トップ1%の富裕者が国の富の30%強を占めているという調査結果を発表しました。大富豪がますます資産を拡大する傾向にあることを統計的に明らかにしたのです。

アメリカの「フォーブズ」という経済誌が発表した2017年度の世界大富豪(億万長者)のランキングでは、1位がビル・ゲイツ(マイクロソフト社)、資産は860億ドル(約9・6兆円)です。この1年間に1兆円増やしていますが、この金額を1日に直すと約27億円ずつ増やしている計算になります。

このような富裕者がいる一方で、世界の飢餓人口は約8億人と言われ、開発途上国の約13%が栄養不良です。

経営者の個人的資質や労力、経済への貢献度が所得に反映するのは当然ですが、あまりの所得格差と不平等にがくぜんとしてしまいます。現在の世界を1つの国に置き換えるなら、現在の世界は決して幸福な国とは言えないでしょう。

では、日本を見てみると、年収が300万円以下の低所得者は、労働人口の約4割に達します。景気の低迷やアルバイト、派遣労働など非正規雇用の増大が貧困層の拡大の1つの原因にもなっています。

年収300万円以下で、バランスある生活をして子どもを健全に育てることができるでしょうか？

国連が採択した「世界人権宣言」の第1条は次のように述べています。「すべての人間は、生まれながらにして自由であり、かつ、尊厳と権利について平等である。人間は、理性と良心を授けられており、互いに同胞の精神をもって行動しなければならない」。

この世界人権宣言は、CSRにも反映されています。同じ時代に生きて、ともに働いている社会が持続するためには、異常な所得の格差や人権の差別・侵害は社会的な英知と努力で解消されなければなりません。

CSRのキーワード「持続的可能性」とは？

人間による利己的な成長がこのまま続いてしまえば、私たちの生存の基盤である自然環境と社会環境のバランスある維持ができなくなり、「持続不可能」な社会になると心配されています。

国連は、この危機的な事態を解決するために、「持続可能性（sustainability）」という用語を使用して、人間と自然が共生できる持続可能な成長への転換を呼びかけています。

１９８７年に公表された「われら共通の未来」という報告書で、「持続可能な開発（Sustainable Development）」という言葉が初めて公式に使用されました。「持続可能な開発」とは、将来の世代に否定的な環境影響を与えずに、現在の世代のニーズが満たされる開発であると述べています。わかりやすく言えば、次世代に現在よりも改善された環境資産を残して社会を発展させることが、現在に生きる私たち（現世代）の使命（責任）だと指摘しています。

それは陸上競技のリレーのように、過去の世代から受け取った自然環境や社会環境の資産を利用し、現在の世代がその富と恩恵を受けるだけでなく、次の世代にも今以上に改善された自然資産や社会資産を引き渡す責任があるのです。

これが、持続可能な成長（開発）、持続可能性の意味です。

企業の価値を判断する物差し＝CSR

企業の責任は、大きく法的責任と社会的責任（CSR）に分かれます。

法的責任には、納税の義務や条例で定められた各種の法律を守る義務があり、法律に違反すると、罰則（ペナルティ）も課され、その責任は明確です。

一方、CSR（企業の社会的責任）は、企業の自主性に任されていて、罰則はありません。持続可能な社会作りのための自主的な目標を決めて実践し、その結果を公開してもらうためのガイドライン（行動指針）があるだけです。

ペナルティがないなら、環境対策、人権尊重策、地域貢献策、社会貢献型の製品開発の計画を設定して、お金も時間も労力も必要な活動をなぜしなければならないの？そう疑問に思うかもしれません。

これまで、どの会社の経営理念や経営ビジョンにもあるように、ビジネスを通じて利益を実現し、会社を成長させることが一番大切なことと考えられてきました。

ところが、これからの企業は、その経済成長（利益獲得）のプロセスで、自然環境や社会環境に対してどのような貢献をしたかを公開し、実証する責任が求められているのです。

売上高がこの1年間で10％増加し、利益も5％増加したと仮定しましょう。この間に、化石燃料をエネルギー源とする電力の消費によって排出される二酸化炭素（温室効果ガス）がどの程度減ったたか、あるいは製品が廃棄された後にリサイクルされる材料の比率を高めたか、消費段階で使用される製品がどの程度の省エネルギー・省資源の効果をもたらしたか、残業をどの程度減らしたか、昇進や賃金支払いにおける性差別を解消しているかなど、社会的責任の実績にかかわる情報公開を、社会が求めているのです。

会社の財務実績だけでなく、ビジネスのプロセスで取り組んだ社会的責任の活動実績も企業評価の対象になります。

これまで、財務実績も社会的責任の実績も別々に取り扱われてきましたが、この2つの分野を統合して、企業価値を総合的に判断しようとする動きが世界的な流れになろうとしています。

財務の実績（会社の資産と会社の活動の成果である利益や損失の出方を記録したもの）と社会的責任の実績は、企業が公正な基準にもとづいて成長したことの証明です。この企業の評価軸は、「良い会社」「モラルのある会社」「倫理的な会社」を客観的に知るための重要な基準です。

つまり、これまで目に見えなかったモラルや倫理、道徳という企業の価値を判断する世界共通の物差しが誕生したのです。それがＣＳＲです。

モラルのない企業が淘汰《とうた》される時代を迎えた

モラルがあるかどうか、倫理的な企業かどうかを判断する世界的な基準が確立したので、この取り組みをあなどったり、軽視してＣＳＲに取り組まない企業は、「モラルのない企業」「ブラックな企業」と見なされて、やがて信用を失い、21世紀のビジネスでは生き残れないでしょう。ＣＳＲの原則に沿って、自社の成長方向を、株主や従業員、消費者との対話の中で合理的に決定するなら、持続可能な本物の成長（宝物）を企業にもたらすでしょう。

お金儲けだけで企業の成長を判断する時代は終わり、社会的な信用が第一に重視される時代が本格的に幕開けしたのです。

CSRが求められているワケ

新しい価値観が登場した

21世紀の企業になぜCSRが求められるのか、その理由を説明していきます。

ここでは、「価値」という言葉が多用されています。通常、経済学や経営学でいう価値というと「経済価値（貨幣価値）」のことを指しますが、人間の生活にとって大切な価値は貨幣（お金）以外にもあります。それが何かわかりますか？

例えば、人間が動物として生きていくために必要な空気や水、土地、景観、動植物などの自然価値（自然環境、または自然資産）があります。

また、生計を得る職場や家族とともに生活する場所があり、その土地固有の歴史や文化、風土、絆、人間関係などの社会価値（社会環境や社会資産）があります。

お金で表される経済価値は、貨幣に換えて数えることができるので、経済価値の量的比較はわかりやすいでしょう。ところが、自然の価値や社会の価値というものは、歴史の段階や国、企業、個人によって判断の基準が異なり、同じではありません。

今から60年前の日本の大都市では、水は安全なもので、ほとんどタダで手に入るものと見なされ、水道料金とは別に、水が有料で販売されるということは考えられませんでした。しかし、現代では、安全でおいしい天然水には希少価値があり、ペットボトルの容器に入れて販売すれば高い値段で売られます。

つまり、自然価値も社会価値も、その価値を判断する基準は時代とともに変化するのです。

経済価値と自然価値、社会価値がバランス良く維持されていることが、人間社会にとって持続可能な条件になります。このバランスある関係を維持し、改善することが持続可能な社会作りの推進力になることを理解しましょう。

「持続不可能」な成長

人間の生活を物質的に支えている空気や水、土、食糧源にもなる植物や動物などの自然環境は、人間が動物として生存するためになくてはならない条件です。人口が少なく、消費する物も少なければ、環境におよぼす人間活動の負荷（否定的影響）も小さく、自然環境の再生力（自浄能力）の範囲内にあるから、豊かな自然は維持されてきました。

ところが、産業革命を機に、人間の欲望が増大し、人間が消費するエネルギーや生産物が急激に増えてしまいました。また、人口の増加とともに居住範囲や行動範囲も拡大し、その結果、野生動物の生息地である森林が伐採され、河川の埋め立てや土地の開発により、生息地を奪われた生物の種の絶滅も進みました。

「国際自然保護連合（ＩＵＣＮ）」の報告（２０１６年版レッドリスト）によれば、絶滅の危機にある動植物は２万３９２８種類で年々増加しています。アオウミガメ、アカウミガメ、アホウドリ、イリオモテヤマネコ、アマミノクロウサギ、ツキノワグマ、オオワシ、シマフクロウ、クロマグロなど、私たちの先祖の世代からともに生息してきた身近な種が絶滅危惧種にあげられています。

消費されるエネルギーの増加は、工場や自動車、飛行機、船舶などから排出される化石燃料ガスを主な原因とする地球温暖化をもたらしました。また、ＰＭ２・５などの有害化学物質の増加や原発事故による放射性物質の環境中への排出なども生態系への負の影響（否定的影響）を強めています。

このような、自然環境を犠牲にした経済成長を続けていけば、いずれ人間の生活の基盤を壊してしまうことは誰の目にも明らかでしょう。

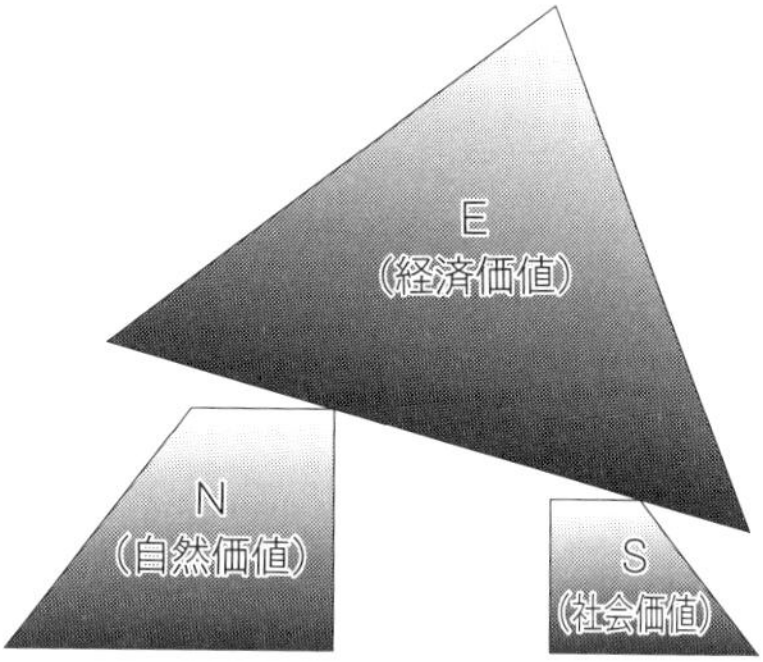

図1　持続不可能な成長モデル

図1をご覧ください。持続不可能な成長のモデルです。

左下（N：自然価値）と右下（S：社会価値）に2つの台形があり、その上に大きく右下に傾いた三角形（E：経済価値）がのっています。

この図を見る際の前提として、経済は、Sの企業に雇われた労働者によって、Nの自然環境から原材料やエネルギーを調達し、製造加工して、商品を販売し、経済的成果Eを獲得することで成り立っています。

ですが、Nでは、自然の回復力（修復力）を超える資源の乱獲や環境汚染物質の拡散、Sでは、労働者の長時間労働や人権侵害、失業などによって、自然環境と社会環境の健全性が失われてしまいます。その結果、NとSが縮小し、不安定で持続不可能な成長になってしまうわけです。三角形と台形に示されている影の部分は、環境に否定的な影響を与えていることを示します。

つまり、持続不可能な成長とは、自然環境と社会環境を犠牲にした成長で、一時的に拡大したEも、NとSの縮小とともに縮小し、バランスを失ってやがて崩壊します。

東京電力の福島原発事故は、環境中に放出された大量の放射能が空気、水、土地、森林を汚染して、自然価値（N）と社会価値（S）が同時に失われた典型的な事例です。

「我がなき後に洪水は来たれ」。これは、フランスのルイ15世の時代、貧困に苦しむ民衆の生活も顧みず、栄華を極めた王侯・貴族の利己的な考えをよく表しています。日本語で言うならば「あとは野となれ山となれ」です。

今生きている世代が自分の欲望と利益だけを考えて、自然資産を乱開発したり、人々の生活の改善につながる施策を講じないと人間社会が持続できないことを物語っています。

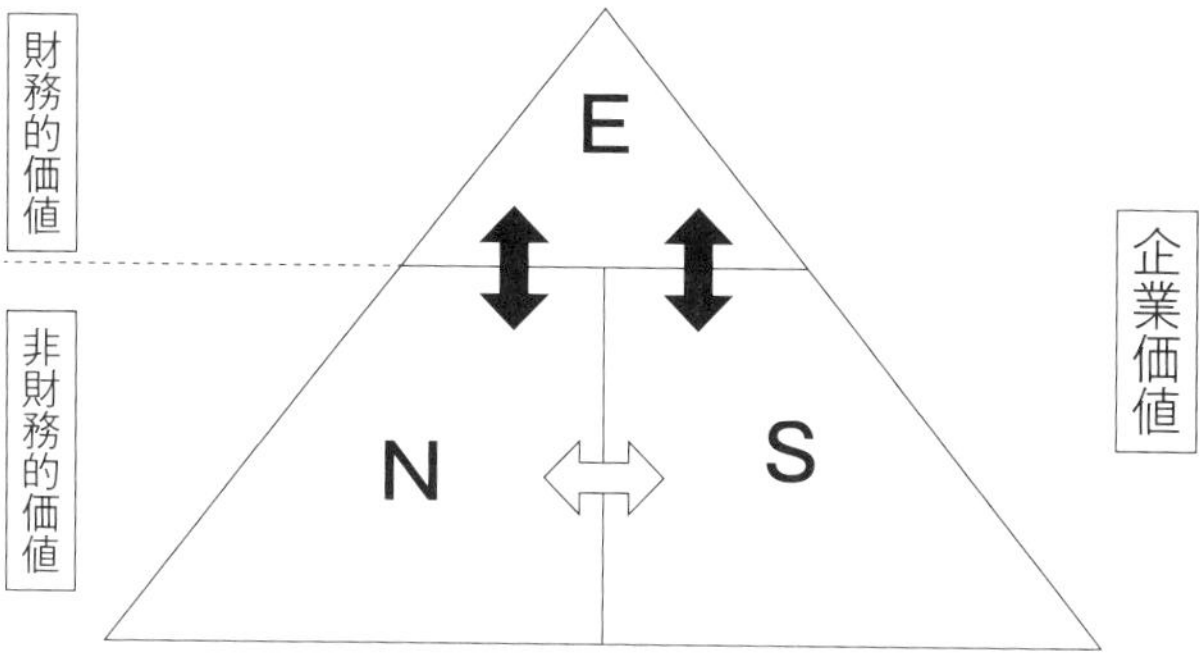

図2　持続可能な成長モデル

「持続可能」な成長

図2は、持続可能な成長のモデルです。横向きの矢印は資源やエネルギー、労働の流れを意味し、上下の矢印は貨幣の流れを表します。

企業は、Nの環境を維持し、改善するための製品やサービスを開発（エコプロダクツという）したり、環境保全のための自発的な活動を行います。

また、Sの環境を維持したり、改善するために、障害者や高齢者の採用の比率を高めたり、長時間労働を削減したり、売上高の一部を東日本大震災の被災者に寄付するなど社会貢献型の製品を開発（ソーシャルプロダクツという）したり、社会環境の改善のための自発的な活動を行います。

日本理化学工業は、ホタテ貝の具をとった後の貝殻（廃棄物）を原料にし、リサイクル（再生利用）されたダストレスチョークでチョーク市場のシェアを大きく伸ばしました。ダストレスチョークは、優れたリサイクル商品と認定され、２０１１年、「エコプロダクツ大賞」を受賞しています。それだけではありません。同社は、社員74名中54名が知的障害者です。健常者も障害者とともに作業工程に工夫を加え、長年月をかけて生産性を引き上げ、「日本でいちばん大切にしたい会社大賞（第６回）」を受賞しています。ダストレスチョークはソーシャルプロダクツとして社会的に認知されたのです。

ダストレスチョークはエコプロダクツであり、ソーシャルプロダクツでもあるのです。このような両方の特徴を持つ製品はめずらしい事例ですが、日本が誇る持続可能なＣＳＲプロダクツと言えます。


図に話を戻しましょう。

上部にある三角形も土台の台形も影（否定的な影響）の部分は見当たりません。

その結果、ＮもＳも拡大して安定した土台を形成します。Ｅはその土台の上で、健全な成長の経済的成果として実現します。つまり、NとSの持続的な拡大を前提にし、Eも連動して成長していることがわかります。言い換えれば、それは自然環境も社会環境も人間社会の大切な資産として尊重された経営が行われているということです。

三角形の部分がいわゆる財務価値（E：経済価値）で、土台の部分が非財務価値ですが、非財務価値の合計（N＋S：自然価値＋社会価値）が財務価値（E）より大きいことがわかります。この3つの価値を総合したものが21世紀の企業価値として評価されます。これが持続可能な成長モデルです。

CSRは、持続可能な成長を実現するためのマネジメントとして、21世紀の初めに登場しました。このマネジメントの手法なしには、持続可能な成長や発展は実現しないということを理解しましょう。

どうやってCSRは生まれたのか？

CSRの登場の歴史的背景には、現代社会に対する強い危機感があります。

アメリカの優良企業と見なされていたエンロンという総合エネルギー会社をご存知でしょうか？

エンロン社は本業以外の多くの事業に進出し、欲張った急成長を求めた結果、ほとんどの事業で赤字になってしまいました。その赤字を隠すために、架空の会社（ペーパーカンパニー）を作り、そこに赤字を飛ばして、会社の帳簿では黒字であるかのように見せかけ、株価を引き上げるという粉飾決算（証券取引法違反）を行いました。この粉飾には会社の会計の不正を未然にチェックすべき監査機関（アーサー・アンダーセン社）もエンロン社からコンサルタント料を受け取って協力（癒着）していました。その詐欺行為が発覚して、エンロン社は信用を失い、２００１年倒産しました。

その当時４００億ドル（約５兆円）もの負債を抱えていたので、投資家や株主、取引先企業に大きな損失を与え、２１０００名の社員が職を失いました。

エンロン事件は、公正な経済の前提である信用制度（公表された会社の財務実績の報告が真実にもとづくものであること）を悪用した成長であり、不公正な経営を導いた経営者が社会的に断罪された事件です。

この事件をきっかけに、企業経営者の違法行為や不正を企業の内外から監視し、企業組織の浄化をはかる「コーポレート・ガバナンス（Corporate Governance：企業統治）」が企業経営の責任ある課題として浮上してきました。

また、持続可能な社会作りに向けた企業の環境責任の一環として、１９９０年代後半から進められてきた企業の環境マネジメントシステム（自然環境への否定的な影響を削減する活動を継続的に行う経営管理のシステムで「ＩＳＯ１４０００」シリーズの国際規格がある）が台頭します。

そして、上記の流れと合わさって、「企業の社会的責任（CSR：Corporate Social Responsibility）」の世界標準作りが２０００年代初めにスタートします。その結果、２０１０年に成立した組織の「社会的責任規格」である「ＩＳＯ２６０００」は、営利企業も含むあらゆる組織の社会的責任を標準化したものとして登場します。

この規格は、１００年以上にわたる経営学の優れた内容を受け継ぎ、環境問題や人権問題、社会問題などのグローバルな問題について企業にも社会的責任があることを初めて明文化したのです。

CSRは歴史の最後に登場した最新の経営学説

19世紀末から20世紀初めにかけて誕生した「科学的管理法（フレデリック・テーラー）」は、それまでの成行管理《なりゆきかんり》を批判し、ビジネスに「科学的な目標」を導入して労働者を統制する経営原理と手法を開発しました。

ところが、フォードT型車の大量生産体制に見られるように、機械が人間を酷使するという主客転倒した事態を招き、テーラーシステムに対する社会的な批判を浴びました。

その後、ウェスタン・エレクトリック社のホーソン工場で行われた実験から、良好な人間関係の構築が労働生産性の向上に有効であるとする人間関係論（エルトン・メイヨー）が誕生しました。

この科学的管理法と人間関係論の両者の長所を取り入れた行動科学（チェスター・バーナード）は、経営者の意思決定を適切なものにし、組織の利害の均衡を図ることを提唱しました（組織均衡論）。

１９６０年代に入ると、本業以外の多角的な進出（多角化）など成長への大胆な方策を経営戦略（イゴール・アンゾフ）と提唱して、企業の競争的地位の強化と利益至上主義が強調されるようになりました。

１９８０年代に競争戦略論を提唱したマイケル・ポーターは、競争優位、価値連鎖、クラスターなどのカテゴリーを次々に創造して、グローバリゼーション（経営の国際化）に対応する企業の競争力強化策を合理化しました。

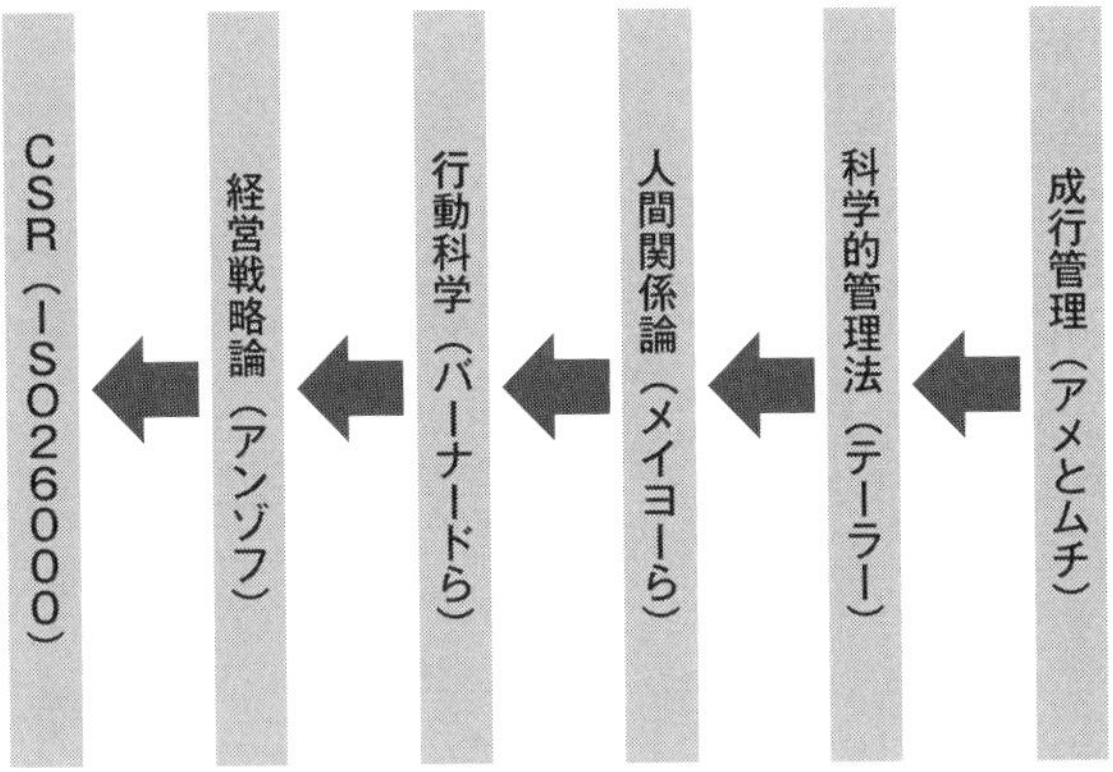

図3　主要な経営学説の流れ

120年近い経営学を振り返ると、その多くがアメリカの経営学が導いた歴史だったと言えます。しかし、エンロン事件に見られるように、21世紀に入って企業経営のモラルが問われると、株主の利益や競争優位を重視してきたアメリカ経営学の弱点が明らかになり、早くからモラルあるマネジメントの標準化（CSR）を立案し、実践してきたEUにその主導権が徐々に移行していきます。

図3に見られるように、CSRは、主だった経営学説の歴史の中で、最後に登場した最新のマネジメントです。

このマネジメントは、競争優位や利益の最大化、会社の所有者である株主の利益の優先保護などに特徴づけられるアメリカ経営学（特に経営戦略論）に対する批判、見直しとも言えます。

持続可能な成長への具体的な指針（方策）にもとづいて倫理的で公正な経営が行われ、ビジュアル化（計画化と情報公開）を国際社会が強く要請していることがＣＳＲの成立を促す背景にあります。

企業のモラルをめぐる社会的な流れ

4つの国際的規制を知る

企業のモラル（倫理）を社会的に規制する国際的な流れは、今後の企業の成長のあり方に大きな影響力をおよぼします。

その流れを以下の4つの国際的な規制から説明します。

1 アジェンダ21

1992年にリオデジャネイロで開かれた「地球サミット」で採択された持続可能な開発を実現するための行動計画が「アジェンダ21」です。

このサミットでは182カ国の首脳や国際機関、NGOが参加し、持続可能な発展を実現するための行動計画（アジェンダ21）が採択されました。それと同時に、温暖化対策を柱とする「気候変動枠組条約」や種の保存を柱とする「生物多様性条約」などが成立しています。

リオの地球サミットで採択された気候変動枠組条約にもとづいて、1997年、「京都議定書」が成立し、先進国に温室効果ガス（二酸化炭素やメタンなど6種類のガ

1 アジェンダ21	2 国連グローバル・コンパクト
3 ISO26000	4 OECD 多国籍企業ガイドライン

図４　４つの規制

ス）を削減する目標が決められました。

この行動計画（アジェンダ21）が採択されたことで、ＥＵを中心にＣＳＲの研究が本格化しました。ＣＳＲの研究と開発で、今日、ＥＵが世界でリーダーシップを発揮しているのは、持続可能な社会作りへの先見性と研究開発の蓄積があったからです。

2　国連グローバル・コンパクト

１９９９年の「世界経済フォーラム」で、当時の国連事務総長であったコフィー・アナンは、企業に対して持続可能な社会を実現するためにリーダーシップ（またはイニシアチブ）を発揮するように提唱しました。これを「国連グローバル・コンパクト（The United Nations Global Compact）」と言います。

企業は、人権、労働、環境、腐敗防止の４分野にわたる10原則に同意し、実行することを自主的に約束・署名し、毎年度終了時にCSRの活動報告を提出しなければなりません。活動報告の提出がないと除名処分になります。

国連グローバル・コンパクトは、世界人権宣言、国際労働機関の就業の基本原則と権利に関する宣言、環境と開発に関するリオ宣言、腐敗の防止に関する国際連合条約にもとづいたもので、人間社会の英知を結集した行動原則となっています。

２０１５年、国連加盟国（１９３ヵ国）は２０３０年までに極度の貧困、不平等・不正義をなくし、地球を守るための計画「アジェンダ２０３０」を採択しました。それが「持続可能な開発目標（Sustainable Development Goals：SDGs）」です。「あらゆる貧困をなくす」「食料の安定確保や栄養状態の改善」「質の高い教育の提供」「信頼できる持続可能なエネルギーの提供」「持続可能な成長と完全雇用」などを提唱しています。

国連グローバル・コンパクトへの日本の参加団体には、リコーやキッコーマン、三井物産、伊藤忠商事、資生堂などの企業があげられます。それ以外にも、関西学院大学、国際基督教大学、同志社大学、川崎市、日本サッカー協会など、教育機関や非営利組織も含まれています。２０１７年８月現在、世界の署名企業数は約１２５６４社です。そのうち、日本の署名数は５３６社です。

東京海洋大学名誉博士のさかなクンは、２０１７年に開催された国連海洋会議で「海に落ちた広範囲のゴミが生態系に悪影響を与えている現状」をビデオメッセージで説明し、海洋ゴミの削減への協力を訴えています。

国連広報センターと吉本興業が連携して、ＳＤＧｓの理解と普及のために笑いの文化を通じて国民に普及させていくことに合意しました。これまでお堅く思われてきた国連からエンターテーメント業界がお題としてＳＤＧｓをいただき、現代風の笑いの力に変えて持続可能な社会の実現を呼びかけるというユニークな挑戦に期待しましょう。

3-1　ISO26000

ＩＳＯ２６０００は、２０１０年に発行したあらゆる組織の「社会的責任」に関する国際規格です。

持続可能な社会作りのために、先進国だけでなく発展途上国や消費者団体、ＮＰＯなどの組織も参画して規格作りが行われ、当初はＣＳＲの規格作りとして出発しました。

ところが、非営利組織も含む組織全般に適用すべきという考えが多数を占め、最終的にはC（企業）という名称がとれて、組織の「社会的責任」規格となりました。なお、同規格はガイドラインであり、第三者機関の認証も必要としません。

民間企業も官公庁、非営利組織も以下の7つの主題に沿って、科学的なマネジメントを進めるなら、組織として有効な結果が期待できます。その際、事業の目的・目標の中に「社会的責任」の目標を具体化して、自主的に計画、実行、統制というサイクルを継続的に行うことで、社会的責任を果たすことができ、社会からの信用が得られます。

同規格は、社会的責任の目標を掲げて、実践し、その結果を点検して、改めて次の目標に進む「ＰＤＣＡサイクル（計画、実施、点検、修正）」を行動原則としています。

また、ステークホルダー（利害関係者）という、組織のパートナーや重要な関係者との意思疎通（コミュニケーション）を重視し、情報を公開することを特徴としています。

3-2 ISO26000の7つの原則

①組織統治

組織の意思決定が公正性を持つように、民主的で有効な統制の仕組みを持っていること。有識者や専門家、ステークホルダー、監査役、労働組合などとのコミュニケーションも組織の意思決定の公正性を強めます。この統治能力は、以下の6つの主題を実践するための土台になります。

②人権

世界人権宣言をふまえて、組織は、従業員の年齢、性別、人種、国籍、障害の有無などの違いによって差別されることなく、人権を尊重し、保護し、実現する責任がある。

③労働慣行

労働者の採用や昇進、懲戒、異動、解雇、労働条件（労働時間や報酬）に影響をおよぼす組織の方針や慣行が、「ＩＬＯ（国際労働機関）」の基準にもとづいて、自由で公平、安全、人間への尊厳が保証されている。

④環境

組織の活動には、自然環境への否定的な影響を軽減する取り組みを行う責任がある。

⑤公正な事業慣行

他の組織や個人との取引の中で倫理に反する汚職や贈収賄《ぞうしゅうわい》などを防止する責任がある。

⑥消費者課題

消費者に対して、安全衛生の確保、持続可能な消費、プライバシーの保護、公正なマーケティングを保証する責任を持つ。

⑦コミュニティへの参画

公共の利益の向上のために、企業の所在地に近接するコミュニティと連携して、文化的、社会的な事業に参画する責任がある。夏祭りの取り組みに協働したり、自治体の清掃活動にボランティアで協力するケースがある。

4　OECD多国籍企業ガイドライン

本国だけでなく、世界の国々で活動する多国籍企業が、世界経済の発展に重要な役割を果たし、経済的・社会的な影響を拡大しています。このことから「OECD（経済協力開発機構）」は、参加国（42ヵ国）の政府が企業に対して自主的に責任ある行動（社会的責任）を実施するように勧告しました。

それが、「OECD多国籍企業ガイドライン（行動指針ともいう）」です。法的拘束力はありませんが、持続可能な国際経済を目指し、環境、社会、経済の面で企業の社会的責任を果たすように多国籍企業の行動基準が明示されています。

この行動指針は、一般方針、情報開示、人権、雇用および労使関係、環境、贈賄要求・金品の強要の防止、消費者利益、科学と技術、競争、納税などの幅広い分野にまたがり、その分野における責任ある企業行動を求めています。

以上の国際的な規制は、大きな流れとなっているので、この規制から学び取って、企業の将来のビジョンや成長のあり方を考えなければなりません。

その際、日本企業の弱点でもある長時間労働と低い生産性（単位時間当たり、もしくは1人当たりで見た経済効率のこと）をCSRの理解と実践の中で改善する必要があります。

日本の労働生産性と長時間労働

労働時間あたりで見た「国内総生産（GDP）」は労働生産性と言われ、1人当たりの国民の生産額（労働能率）で示されます。耳にしたことがある人も多いのではないでしょうか？

2014年の日本人の就業1時間当たりの労働生産性は、41・3ドル（4349円）で、OECD加盟34ヵ国の中で第21位でした。日本の順位は、1990年代から19〜21位でほとんど変わっていません。主要先進7ヵ国だけで見ると、米国66・3ドル（第1位）、ドイツ63・4ドル（第4位）フランス65・1ドル（第5位）で、先進7ヵ国中、日本は最下位です。

日本企業の生産性が低い事実と長時間労働には密接な関係があります。
長時間労働を前提にした日本企業は、短時間で合理的に儲ける仕組みを探求せず、生産性を高める科学的なマネジメントの仕組みを作ろうとしていません。経営者は会社に従業員を留める時間が長いほど仕事をさせたつもりになっているのです。

なお、1927年から1932年にかけてアメリカのウェスタン・エレクトリック社のホーソン工場で行われた実験では、労働時間の短縮が生産性の増大につながることが統計的に証明されています。

また、ミシガン大学の社会心理学教授であったリッカートが行った実験では、労働者集団を経営の意思決定に参加させることで、生産性が向上したことが裏づけられています。

リッカートの連結ピンの理論と経営民主主義

リッカートは、「連結ピンの理論」を提唱して、自分の所属する組織の上司や仲間、部下に対する影響力を行使することが優れたリーダーの条件だと言っています。

日本の管理者は、部下に対する命令や指示では、権限を背景に尊大な態度をとるケースも多いですが、自分の上司や経営者に対しては、明確にものを言えない、言わない企業風土が根づいています。

「お上に逆らわない」「指示待ち人間」「会社人間」「イエスマン」「忖度《そんたく》する」などの

俗語に見る一方的な下向きのコミュニケーションが、日本の企業組織の特徴です。

日本企業においては、言論の自由や創意工夫、動機づけの手法が十分に活用されていません。企業の経営に民主主義を導入し、労働時間を短縮して、労働者の人権に配慮した経営を行うことは、企業が持続的に成長するための社会的責任の1つでしょう。

一方、日本の労働者は、労働組合に加入して団結し、経営者との交渉や協議を対等に行い、労働条件や労働環境をより良い方向に変えるための主体的な意欲と姿勢に欠けています。2015年現在、日本の労働組合組織率は17・3％で、1975年以降、長期低落傾向が続いています。

パートタイマーなど非正規雇用の労働者が、職場での比重を高めてまとまりにくいことや、組合の運動方針が本来の目的から離れて政治団体化したり、会社の意のままに動く御用組合が存在していることも労働組合組織率低下の1つの原因かもしれません。

ですが、職場における人権の保障や賃金の改善などを担う労働組合にも入らず、労働者がバラバラになっている状況で、働く者の環境が改善されるでしょうか？

クロネコヤマトの生みの親で「宅急便の父」と言われる小倉昌男は、次のように述べて、労働組合の役割を評価しています。

「管理職は、現場をあまり見ていないし、また都合の良い報告はするけれど悪い報告は社長に一切しないのである。よく言われる通り、社長は孤独である。その孤独とそこから派生する弊害を補ってくれるのが、労働組合なのである。だから極論すれば、労働組合がなければ責任をもった経営はできない。私はそう思う」（小倉昌男『経営学』日経ＢＰ社）

ＣＳＲは、労働組合の存在意義と役割を高く評価して、労使の関係が良好になるようにその活動を尊重しています。

日本の労働者も企業の経営に民主主義を導入するために、経営者と合法的に交渉できる権利を持った労働組合に加入して、労働条件の改善を図ることは働く者の社会的責任ではないかと思います。

第2章

CSVって何だろう？

STORY 2　香織のCSR　佑介のCSV

ザッ
ザッ
佑介
久しぶり
今治での社長1年生は
どう？元気？
香織
元気してます
まだまだいろいろ
学ぶことが多い!!
おはようございまーす
おはようございます
敷地内の清掃ならあとで僕らがやりますよ
やらせて!!
もうかってる会社は社長自ら会社をキレイにして運気上げてると本に書いてあってね
佑介
昨日、辞令が出て
繊維部門のマネージャーに
なりました
アパレルというより
生活用品のほう…タオルとか
香織
!!!
マジか（笑）

香織
東京にもうちの商品取扱店 あるから頃合い見て 上京したいんだよねー 今スケジュール調整中
佑介
会社大きくすればいいじゃん そしたら今治から 出られるっしょ？
香織
社内を肌で感じてみて わかったことだけど 工場増やしてみても 今の商品クオリティは 維持できないと思う
佑介
じゃあこっちから行く 仕事で今治に用があるから 帰る前に会って夕飯でも （居酒屋でOK） 長居できなくてごめん
香織
OK！いつ？
佑介
来週の木曜日 その頃には台風も 通り過ぎてるだろうし もし可能なら お父さんに会って お話聞きたいんだけど できるかな？
ゴオオオー
香織
たぶん大丈夫、だけど あんまり父に 飲ませないでね

ポーターによるCSVの主張

CSV（Creating Shared Value）は「共有（共通）する価値の創造」と訳されています。この用語を普及させたのは、ハーバード大学教授のポーター（M.E.Porter）です。ポーターは、NPOなどと協力して社会貢献型の製品やサービスを開発するビジネスがこれからの企業の成長モデルになることに注目しました。そして、企業にとってコスト負担になるCSRの活動を排除して、お金儲けと競争優位につながるCSVに専念するように主張しています。

千年堂タオルはなぜ海外に製造工場を作らなかったんですか？
会社の発展に消極的だったわけじゃないぞ
勝手知ったる地元に腰を据える良さってものがあってね
環境への配慮に加えて仕入れ～販売まで信用と安心が行き届くメーカーでいられるわけよ
その考え方は会社の成長の「足かせ」になったんじゃないですか？
佑介…
環境問題などはNPOや国に任せればいいじゃないですか
たしかに近年グローバル企業は社会的な問題を解決する製品やサービスの開発を進めています
うまくいけば企業の利益や知名度を上げられますからね
このCSV開発の過程でNPOや地域団体とも話し合っているので十分だと思いますよ

あのな
そういうのを営利本位な持続不可能企業というんだ
CSVだけやりたいってのは例えるなら温暖化問題を単なる儲けのネタとしてビジネスにするってことだ
そんな芯も信もない商売が上手くいくわけがない
みんなで取り組もうよ!!
国
NPO
めんどくせ~!
企業だって社会を構成する要素のひとつであるなら相応の責任を負うもんだ
もうかるならやるけど~?
日本企業が見出した「※三方良し《さんぽうよし》」は企業も社会を支えることでひいては利益につながるという息の長い考え方だ
※近江商人の心得。売り手と買い手が満足し、それが社会貢献にもつながる商売であることを指す
ハッキリ言わせてもらうがね
坊ちゃん
君のその考え方では良い会社は作れない

すいません飛行機の時間があるので
これで失礼させていただきます
え!?
ちょ…
ぐ～
おう山本君によろしくと伝えてくれい
ごめんねホントに
父さん時々頑固になるから
大丈夫
あの年代最高峰の経営者の限界が知れたから
佑介!
期待と違うこと言われたからって
そんな言い方ないでしょ?

目くじらたてるなよ
私がもし東京に居続けたら
私は佑介の考えに賛同していたんじゃないかと思う
悪かった
また連絡する
でも今は父の意見を支持したい
しょうがないけど情けない…
と思いつつ佑介の言うことに何の反論もできなかった…
実地経験がまだまだ乏しい…
あ、香織
父ちゃん寝ちゃってるけど大丈夫か？
一応毛布かけといたけど？

ぐ…
病気してから ちょっとの お酒でもすぐ 寝ちゃうの
1時間くらい 寝かせといて いいかな?
ごめん
おー 全然OK 客少ないし
どうせだから メシ食ってけよ
そうさせて もらおうかな
新鮮トマトと モッツァレラの サラダ食べたい
悪い! しばらくソレ 無理なんだわー
先日の台風で ビニールハウスが 全壊しまして…
慰労会でーす…
えーっ!?
若手農家仲間
てなわけで
俺らの作るトマト ファン会員限定 裏メニュー
わたし ファン会員 なんだ?
台風でキズ ついちゃったトマト ソースたっぷりの 豆腐ラザニア〜☆
ぐっ
ぐっ

くじけてませんねぇ
アッうまー
くじけませんよー
俺らにとっちゃ香織の父ちゃんは今治ドリームの体現者よ!
東京暮らしの人間がひとくち食べて「美味しい」って言ってくれるトマト作ってるんだぜ?
東京モンが焦がれ焦がれるトマトはいずこ?
嗚呼それは今治!
紅き宝石は今治にあるのだ~
的な!
過疎化が進む地方と思いきやどっこい!
うわはーー
大きく出たねーー
そりゃ男ですから~
ははは

佑介とはその後どこか
ぎこちないまま年が明けた
ただいまー！
はーさむかったー
おかえりなさーーい！
重さはちょうどよい
最高気温５度で
風の強い日はちょっと
たよりな
幅はもう
広めにしたほうが
巻きやすいし
カッコがつきやすい
気がする
試作005
社長！
これ応募してみませんか？
TOWEL JP コンテスト
テーマ
「環境・素材、そして明日へ」
主催　YAMANOグループ
協力　首都圏経済新聞
椿花百貨店
高山総合繊維グ
結構うちの強みを生かせそうですよ
GO!
そうだね確かに！
主催者は大手さんだしね
デザイン部はもう乗り気ですよ☆

「環境」「素材」はOKとして
タオルに「そして明日へ」ってのが勝負どころよね
コンテストは繊維メーカーだけでなく
大手デパートやショップチェーンも協力しています
そちらへのアピールもしやすい提案にしたいですね
技術的に目新しいことは？
伊藤リーダーが開発中のタオルマフラー技術って今回のに生かせません？
まだまだ開発段階なので時間がかかります
佑介
YAMANO主催「TOWEL JP コンテスト」参加するんだって？
香織
かぎつけてきたってことはそっちも参戦？
佑介
お父さんに伝えといて お父さんの考えはもう古い。今の『坊ちゃん』がどれだけ進化しているか見といてくれってね！
ヴーーー

佑介…
一体誰のための「明日へ」なんだろうか
誰のため？
タオルを使う人々のために決まってるだろうが
ヒュー
試作014
ゲホッ
あんなやつが設定したくだらん土俵に上がって勝負するなよ
「佑介」ね
あとこの試作品もう20センチ長い方がいいかも
ゴホッ
父は自宅より病院で過ごす時間の方が多くなっていた
それオシャレ用でしょ？口のまわり拭くのやめなさいよ
もー
試作007
変にかっこつけないで身の丈に合うアイデアの方がいいか…
OO

皆さんはタオルで「明日」を感じたり想ったりするのってどんなとき？
？
私は明日使うバッグにハンドタオルを入れるときですね
準備OK!!なかんじ
たまった洗濯物洗って干して取り込んだとき「これで明日からまた生活が回せる」って感じます
やっぱりヒントは日常生活の中か…
下着干すとき外側をタオルで囲んで目隠ししますよね
あれって逆にタオルを見せるタイミングじゃないですか？
長さのそろったタオルが干してあるのを見ると季節のお祭りで使う飾り物に似てませんか？
はは
あ…

ひな祭り
鯉のぼり
七夕の短冊
お祝いの紅白幕
みんな縦長で表現できる
どれも将来の幸せや願いを込めた日本の風習だけど
住宅事情とか面倒だとかで飾らない家も多い
その想いを日々使って干すタオルに込められないかな？
なるほど
千年堂タオルらしいですね
十《じゅう》二《に》単《ひとえ》をイメージしたカラーセットも提案します！
日本の伝統職が得意な染色工場に連絡してみます
という企画でいこうと
どう思います？
贈答用のほかに外国人旅行者向けのおみやげとして
営業部長
いい提案だと思うので私は賛成ですよ
こだわっていい色にしましょうね

そう…
じゃ 終わったらまた連絡するね
東京 コンテスト当日
安丸商事の沢木佑介です
本日は 環境にもやさしく 原価の安い オーガニックコットンを 提案します

安丸のイノベーション
弊社直属部隊が現地まで行き原料価格を値切って利益率を高く設定しました
これ以上の安い仕入れは他社には絶対にできないはずです
ザワ…
ヤベー
マジかあの価格！
どうでもいいわ
かなり厳しい戦いですねぇ
私達と安丸では担う「明日」が違うんだもの
株式会社千年堂タオルの谷村香織です
私達は今回の提案をこの1枚の写真で表しました

子どもの健やかな成長を願うひな祭りと端午の節句をイメージした8色
未来への願いを込めて短冊をイメージした4色の全12色
トータルデザインは若者に人気がある中村紘一氏によるもので
染色原料は全て天然のものを使用しています
デザインで上手く逃げちゃったねぇ
びくっ
お父さんが作り上げたブランドに感謝しなさい
あわわ
ひぃ～
彩りもキレイ・さわやか小手先だね
山野会長…
この程度で採用するのは今回だけだよ

へ？
は？
会長 安丸の案は…
却下。
山野会長！
納得 できません
安丸を 選ばなかった 理由を教えて ください！
わが社の製品も 千年堂タオルと 同じくオーガニック 認証を取得して いますし原価率も
そのやり方は 何年持つ？
え…？
君がオーガニック コットン農家なら そうされたいか？

私はこの業界長いんでね
オーガニックコットンにかかるコストについては君よりも理解している
仕入れが途上国だから安い？
君は私の目の前で「搾取」を声高にうたったんだぞ
君はスターバックスを知っているね？
スターバックスは発展途上国の一次産業支援のため市場価格よりも高い価格で原料を購入・加工し先進国の市場で製品を販売するフェアトレードをしている
さらに現地に学校や診療所を設立するなど経済支援だけでなく社会開発支援にも取り組んでいる
これらの功績はスターバックス利用者の信頼にもつながっている
君がコットンを買い叩いた国の人々も将来的にはYAMANOのお客様だ
我々は彼らの幸福と繁栄も望んでいる

これが世界の
ＹＡＭＡＮＯが
目指す「明日」だ
千年堂タオル？
ふーん
古くさい
和菓子屋さん
みたい
へんなの
会社を大きく
すれば？って
言ってくれたのは
私が近くに
いられるように
佑介なりに考えて
くれてたんだって
思ってる
ガタッ
ありがとう
でももう
いいわ
ごめんね
次は
絶対勝つ！
誰に？

彼との話は終わったかな?
山野会長!
ガタッ
いやそのままそのまま
驚いたよ千年堂タオルさんがこんな若い社長さんに変わっていたとは
コンテストで勝ったのにうかない顔だね私のコメントがキツかった?
いえ…
それとも失恋?
いや失敬
ははは
お父さんは元気?
父は……

ぽた
ぽた
父は
今朝…
息を
ひきとりました
お悔やみを…
なんか
私が泣かし
ちゃったみたい
だねぇ
すみません！

私の出身地・京都では「これからの千年を紡ぐ企業認定」制度がスタートしてね
千年だよ
日本企業の持続可能な経営スタイルを後世に・世界に伝えていくものだ
※ステークホルダーと呼ばれる関係者の意見や助言に耳を傾け
不断の技術革新（改良）や社会的責任を実践し続ける
※企業における利害関係者。消費者（顧客）、従業員、株主、仕入先、地域社会、行政機関などを指す
ず…
香織さんどれだけ時間がかかってもいい
あなたの今治タオルを作りなさい
それができたときお父さんの仕事が文化になっていく

形のない
大きな宿題を
もらったような
気がした
はい
OK!!
さむい
さむい
さむい
さむい

千年堂タオル
新イメージ計画
進行中
in自社屋上
ハイ次メンズ撮りまーす
社長
総務
はー
ぬくい
品質管理
てゆーか
言い出しっぺの
営業部長と柳田君の
気合いがすごい！
営業
新作
2人のまわり
だけ空気が
違う！（笑）
経理
経費？
まさかその
全身コーデ
経費？
自腹です。
失敬な！
パシャ
パシャ
よーし
日差しのあるうちに
どんどん撮るよー！
創業者 谷村和雄
TOWEL JP AWARD
前職場・良広企画
うわ
谷村さんだよ
シェアしよーぜ

父の会社を継ぐことになった香織。交際相手・佑介が語るCSVに疑問を持ちつつも、自身の確たる考えを示すことができない。一体、香織はどのような会社経営を目指すのか…。

次のページからは、CSVとは何か、CSRとの関係性は何かを、改めて学んでいきます。

CSVはCSRに取って代わるもの？

本業のビジネスをどう考えるべきか？

第1章では、「企業の社会的責任（CSR）」の意味や歴史、背景を考え、CSRが持続可能な社会作りに役立つマネジメントであることがわかりました。

では次に、CSRを取り組む際に、企業の収益に結び付く本業（企業が社会に提供する製品やサービス）のビジネス（経済的責任）をどのように考えたらいいのでしょうか？　CSRと本業を切り離して、それぞれ独立して取り組めばいいのでしょうか？

正解は、本業をCSRの中に組み込んで、7つの主題とともに取り組むことです。64ページでも取り上げた組織の社会的責任の世界規格である「ISO26000」は、企業の本業をCSRの中核的な対象に位置付けておらず、CSRの実践の対象にしていないという弱点を持っています。

企業から見ると、CSRはたしかに善行ではあるが、本業による収益の実現を軽視しているので、CSRを無益な労働、もしくは経済的負担と見なして敬遠する経営者もいることでしょう。

その点をアメリカ・ハーバード大学教授のマイケル・ポーターが批判して、「CSRに代わるCSV」を主張しています。

最近よく聞かれるCSRとよく似た用語、「CSV」とは一体何なのでしょうか？

そのメリットとデメリットについて考えていきましょう。

ポーターによるCSVの主張を考える

CSVとは、「Creating Shared Value」の略で、「共有する価値の創造」または「共通する価値の創造」と訳されています。この用語を普及させたのは、前述のハーバード大学教授・ポーターです。

20世紀末から21世紀初めにかけて、EUを中心にCSRという新しい倫理の基準を持つマネジメントの潮流があらわれました。

CSRは、「グローバリゼーション（経営の国際化）」や人員削減を中心とする「リストラクチャリング（事業の再構築）」、「M&A（吸収・合併）」などの経営戦略によって企業の利己的な成長を推進した経営学への反省、もしくは批判とも言えるマネジメント理論です。

経営戦略論や競争戦略論の研究を代表するポーターは、このEUを中心とするCSRの動きに反発してCSVを普及させようとしています。

ポーターが掲げるCSVは、企業の本業に、社会的な価値（Social Value）を高める製品やサービスを導入し、その商品開発に取り組んで社会の価値と企業の価値（利益）を同時に実現しようというものです。

このCSV開発の過程で、NPOや地域の団体などとも話し合って実現した価値を企業とともに共有（sharing）するので、共有価値の創造とポーターは呼んでいるわけです。

ただ、このCSVを学ぶ前に、企業の社会貢献型・環境貢献型の製品やサービスはこれまでどのように呼ばれ、使用されてきたのかを次の項で紹介します。

本業（商品）による社会貢献を表わす用語

フェアトレード

発展途上国の一次産業（特に農業）を持続的に支援する目的で、平均的な市場価格よりも高い価格で持続的に原料を購入・加工し、先進国の市場で製品を販売する「フェアトレード（Fair Trade）」があります。

例えば、先進国の食品の原料や素材を開発途上国の農民から調達する場合、先進国の大企業は圧倒的な資本力を持って原価を低く抑え、利益を上げようとします（89ページで佑介が行ったことですね）。それに対して途上国の農民は、対等な交渉ができないため、不利な価格で販売せざるを得ないケースが多く、農民の所得と生活水準はいつまでも改善されません。

また、コーヒー豆やカカオ豆などの価格を有力な金融機関が投機的に操作している事情から、価格の変動が激しく、安定した取引が保証されないことも途上国の農業の不安定な要素になっています。

こういったサイクルが続くと、途上国の農民の生活水準が改善されず、農業継承者の確保も困難になってしまいます。低価格で販売せざるを得ないために、「児童労働」という修業年限にある子どもを働かせて教育を受けさせない人権問題も生まれてしまいます。

さらに、先進国の有力な農薬メーカーは、大量の化学肥料や環境に有害な農薬を売りつけて土壌の劣化をもたらし、途上国の自然環境や農産物にダメージを与えています。仮に化学物質や農薬を使用しない自然に配慮したオーガニック農業に転換すれば、安全な農産物が作られ持続的な農業は可能になりますが、大量生産が難しく、労働コストが増えるため、高い価格での販売になります。結果、オーガニック農業に転換すると、低コストを重視する大手の業者との取引は難しくなってしまいます。

フェアトレードは、これらの矛盾を解決するために、途上国の農民から市場価格より高く、農民の生活の改善を担保する価格で買い取ります。当然、フェアトレードで買い取った企業は、先進国で販売する際に、他の業者とのコスト競争では不利になります。

しかし、多少高い値段を設定しても、フェアトレードの情報を知り、理解した「グリーンコンシューマー」という環境意識と正義感の強い消費者が率先して商品を購入

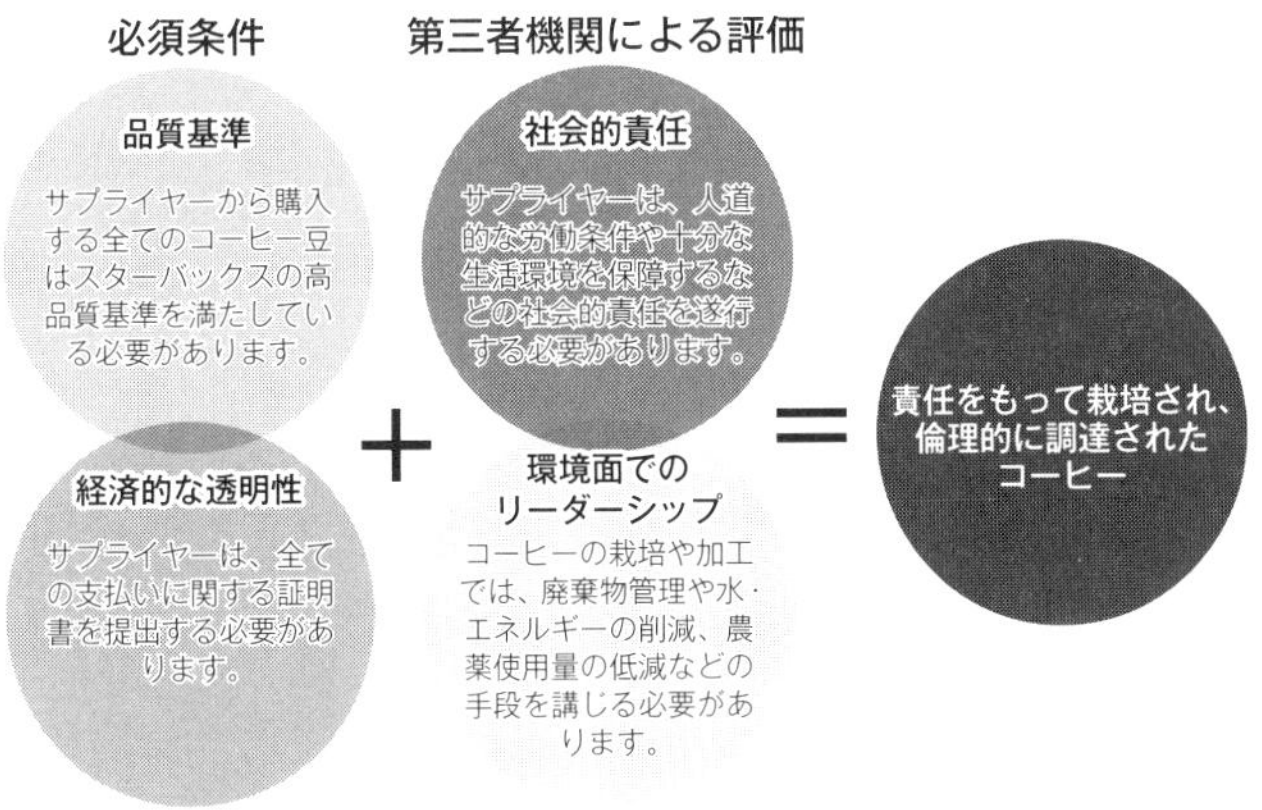

図5　スターバックスのコーヒー豆の調達方針

します。その行動とオーガニック製品の安全性・品質が評判になり、幅広い消費者にも普及し、フェアトレード商品のブランド力と収益の拡大につながります。

92ページで山野会長が紹介したスターバックスは、良質のコーヒー豆を持続的に調達するために、コーヒー豆の相場の変動にかかわらず、現地の生産者に市場価格以上の売買契約（公正な対価による取引）で安定した所得を保障し、現地に学校や診療所を設立するなど、経済支援だけでなく社会開発支援も取り組んでいます。同社の販売するコーヒーは国際フェアトレード認証（調達量の99％）を受けています。

エコプロダクツ

本業での社会貢献として、「エコプロダクツ（Ecoproduct：環境配慮型製品・サービス）」があげられます。

部品のリサイクルを前提に設計されたコピー機や省エネルギー効果の高いエアコン、自宅からでも電力を供給できる電気自動車、森林の無秩序な伐採をせず、持続可能な森林管理が認められたＦＳＣ（森林認証）取得製品、無農薬で作られたオーガニック農産物などがあります。

毎年12月に東京のビッグサイトで開催される「エコプロダクツ展」には、15万人を超える来場者があり、日本の企業や地方自治体、環境ＮＰＯのブースでは最新の環境配慮型製品やサービスの展示が行われています。

ソーシャルプロダクツ

社会貢献型の製品やサービスは、「ソーシャルプロダクツ（Social Product）」と呼ばれています。

売り上げの一部が東日本大震災の被災者に寄付される製品やサービス、障害を持つ人が作るケーキやお菓子、その土地でしか得られない原材料を使用し、職人(匠)による伝統技術で作られたオンリーワンの食品、環境問題を考える体験型エコツーリズム、などがあります。

CSRとCSVの関係性

CSRから切り離された、ポーターのCSV

前項で紹介したフェアトレード、エコプロダクツ、ソーシャルプロダクツなどは、それぞれ市場分野が重複しているところもありますが、その製品やサービスが社会貢献型または環境貢献型のビジネス（本業）であることを表しています。

企業の本業の中に、社会貢献型または環境貢献型の製品（CSRプロダクツとも言う）開発を組み込んで、CSRとともに実施すれば、企業の社会的責任の実現と公正な利益の実現が同時に可能になり、企業の成長のあり方としては理想的であると言えるでしょう。

ところが、ポーターのCSVはそういう考え方に立たず、CSRからCSVを切り離し、CSVのみに企業の活動を誘導するものです。

CSRから切り離されたポーターのCSVは、企業の持続可能な成長に本当に役立つのか、考えてみましょう。

ポーターは、企業の収益源となる社会的価値を実現する商品の開発に集中して取り組むべきだと主張します。

それまでCSRがあまり重視してこなかった本業での活動を問い直し、新しい収益源としてのCSVに注目して本業で社会貢献をしようという主張です。ISO26000に不足している「本業の社会貢献型への転換」を重視するポーターの考えは、その限りでは正当です。

ですが、ここからが問題です。

ポーターは、それに続けて本業以外の分野を対象とするCSRの活動は、政府や自治体、NPOに任せて、企業は本業による利益の最大化(CSV)の実現に専念すべきだと述べています。つまり、CSRをやめて、CSVへの転換を主張しているのです。

ここに、「競争戦略論」の専門家であるポーターのCSVという、金儲けにつながる事業だけを行う営利主義、利己的な考え方が表れています。

では、利益の最大化や営利主義の立場に立ってCSVを追求するとどうなるのか、CSRと切り離したCSVは有効なのか、次からその点について考えてみましょう。

1 利益本位と偽装したエコプロダクツ（CSV）

2008年に、日本の全ての大手製紙会社（17社）が再生紙（リサイクル商品）に占める古紙の配合率を偽装していたことが発覚しました。

ことの発端は、地方自治体などに環境配慮製品（エコプロダクツ）の購入を実質的に義務づける「グリーン購入法」という法律が制定されたことです。それもあってコピー用紙やノートなどで古紙配合率が高い製品ほど「エコ」であるとの社会風潮が強まり、エコプロダクツの購入は国民の間で大きなブームになりました。製紙業界にとって、紙の需要が低迷する中で、古紙を取り入れたリサイクル商品である再生紙は業界のブランド商品になりました。

しかし、再生紙に占める古紙配合率を高めるとざら紙のように茶色っぽくなり、白色の上質の紙を求める文具メーカーや事務機器メーカー、消費者の需要に応えられなくなってしまいます。古紙配合率を高めて白色度の高い紙を生産しようとすると、塩素系の漂白剤を大量に使わなければなりません。そうすると、工場からの排水に含まれる有害な汚染物質が増え、グリーン購入法にも抵触して、エコプロダクツの認証が得られません。

そこで、古紙配合率を高く偽ってエコプロダクツの認証を受け取ります。バージンパルプ（新規に伐採された木材から作られる白色度の高い紙で牛乳パックにも使われています）の配合率を高め、コピー機やプリンターでの紙詰まりの少ないリサイクル商品として販売したのです。

年賀再生ハガキも、古紙配合率は公称40％とされていましたが、実際には1～5％に過ぎなかったのです。

製紙業界の金儲け本位のために、取引先の業界や消費者などステークホルダー（利害関係者）にウソの環境情報がもたらされ（景品表示法違反）、ニセのエコプロダクツである「ＣＳＶ」製品が販売されました。会社のトップも製造現場の責任者もこの表示が偽りであることを承知で進め、組織統治、公正な事業慣行、消費者課題が守られませんでした。

ウソの表示がされているリサイクル製品（ＣＳＶ）が販売された原因は、企業の不正を正すコーポレート・ガバナンスが機能せず、金儲けを優先してＣＳＲを形骸《けいがい》化《か》させたことにあります。この事件をきっかけに「環境偽装」や「エコ偽装」という言葉が初めて生まれました。

この事件は極端な例ですが、経営トップが環境保全への配慮より利益を優先するケースは起こり得るので、第三者からなるコーポレート・ガバナンス（企業統治）委員会を設置して不正を未然に防ぐ体制を強化する必要があります。

2 障害者が作るソーシャルプロダクツ（CSV）

ポーターは、「Creating Shared Value（January-February, 2011, Harvard Business Review）」という論文の中で、新古典主義の経済学者の意見を引用しながら、障害者を雇用することは、コスト増になり利益を圧迫すると述べています。

世界人権宣言もＩＳＯ２６０００も、障害者が差別されることなく、働く権利を保障する社会を目指していることをポーターは理解しようとしていないのです。

ここで、障害者の雇用で、健常者と同じく高品質の部品を生産したデンソーの事例を見てみましょう。人権を重視したＣＳＲが優れたＣＳＶ（ソーシャルプロダクツ）を生み出す関係を理解することができます。

自動車の部品を生産する世界企業のデンソーは、２００名を超える身体障害者を雇用し、「デンソー太陽」という子会社を設立して、障害者による自立した生産活動を進めてきました。

バリアフリーの徹底や障害に合わせた設備導入によって、自動車用メーターやスマートキーを生産して世界市場に供給し、24年間で累計2000万個を達成しました。

この取り組みは、人権と労働慣行に配慮したCSRの考えに沿って、障害者も健常者と同じように会社組織の一員として参加し、自動車の部品を、責任を持って市場に提供することができた事実を物語っています。

社会的な少数派や障害者、女性などの採用、処遇において差別をなくすことを「ダイバーシティ（diversity）」と呼びますが、障害者自身によって生産されたデンソーの自動車メーターやスマートキーは、まさにCSVと言えるでしょう。

これらの人権CSR活動の結果、デンソーは経済産業省から「新・ダイバーシティ経営企業100選」に選定されています。

3 トヨタの温暖化対策とエコプロダクツ（CSV）

トヨタの温暖化対策を1990年から2015年までのCO_2排出量の実績（生産部門と非生産部門の総計）で見ると、211万トンから115万トンへ、約45％削減しています。

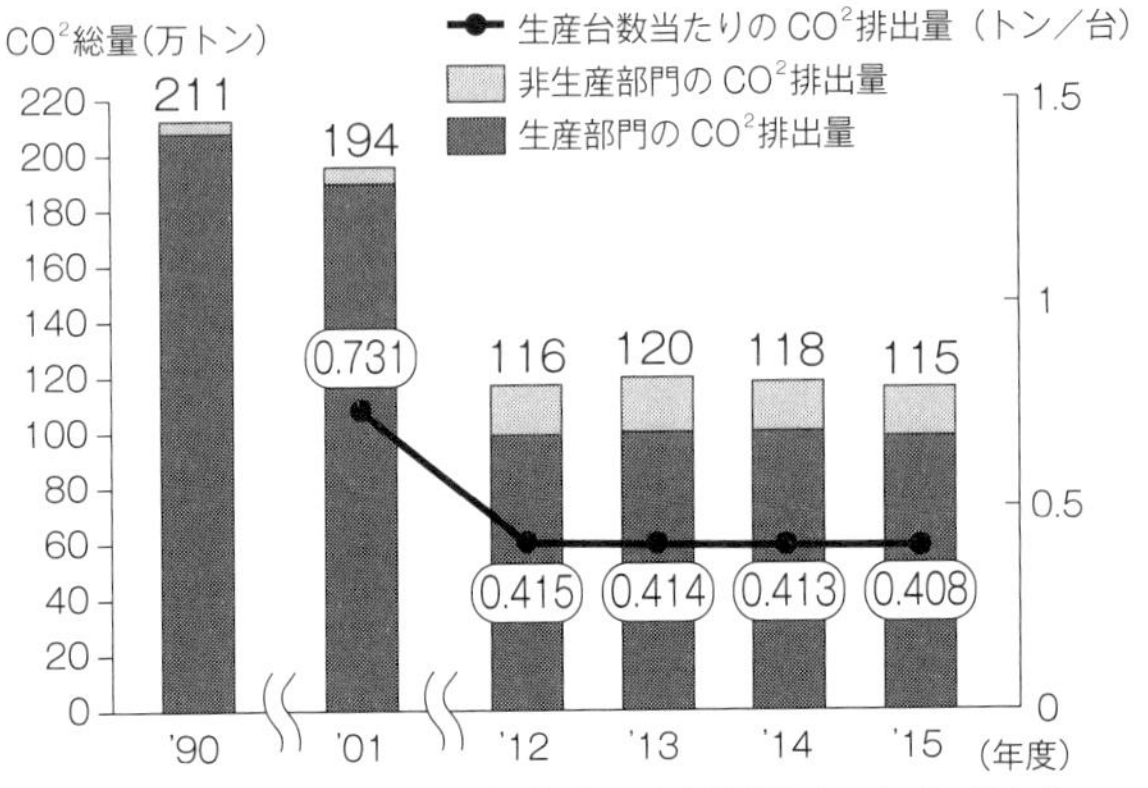

出所：トヨタ自動車のホームページより

図6　トヨタ温暖化対策の実績

日本の製造業で、京都議定書の基準年（1990年）から正確にデータを開示して確実にCO2を削減した実績を持つ企業は少ないので、トヨタは温暖化対策における環境優良企業と言えるでしょう。

CSRの環境分野での持続的な努力は、トヨタの本業である自動車の開発と販売にもプラスの影響をおよぼしています。

トヨタは通常のガソリン自動車の燃費の半分で走るハイブリッドカー「プリウス」を開発して世界の自動車市場を席巻しました。

この自動車は、運転中の燃費をメーターで「見える化」したことで、ドライバーのエコへの関心と省エネルギー運転への意識を改革しました。2017年1月、トヨタのハイブリッドカー（その大半はプリウス）の累計生産台数は1000万台を突破し、プリウスはトヨタの環境ブランド力を決定づけるエコプロダクツ（CSV）となりました。

現在、トヨタは、トヨタの提供する乗用車の燃費を「2050年までに2010年比90％低減」に挑戦すると宣言しています。エンジン車の燃費向上と、よりCO2排出量の少ない、あるいはゼロであるハイブリッド車（HV）、プラグインハイブリッド車（PHV）、電気自動車（EV）、燃料電池自動車（FCV）など次世代車の開発を促進すると明言しているのです。

ポーターのCSVという用語が発表される前から、トヨタは「エコカーは普及してこそ社会への貢献」と、エコプロダクツの開発を続けてきました。EVやFCVが普及するためのインフラ整備についても、ステークホルダーと連携して進める姿勢であり、トヨタのエコプロダクツ（CSV）の成功は、トヨタのCSRの実績とともにあると言えます。

この環境活動の実績をもたらした最大の原因は、経営トップ自身が、環境マネジメントに取り組む3つの委員会を陣頭指揮し、環境方針をPDCAサイクルに組み込んでいることにあります。

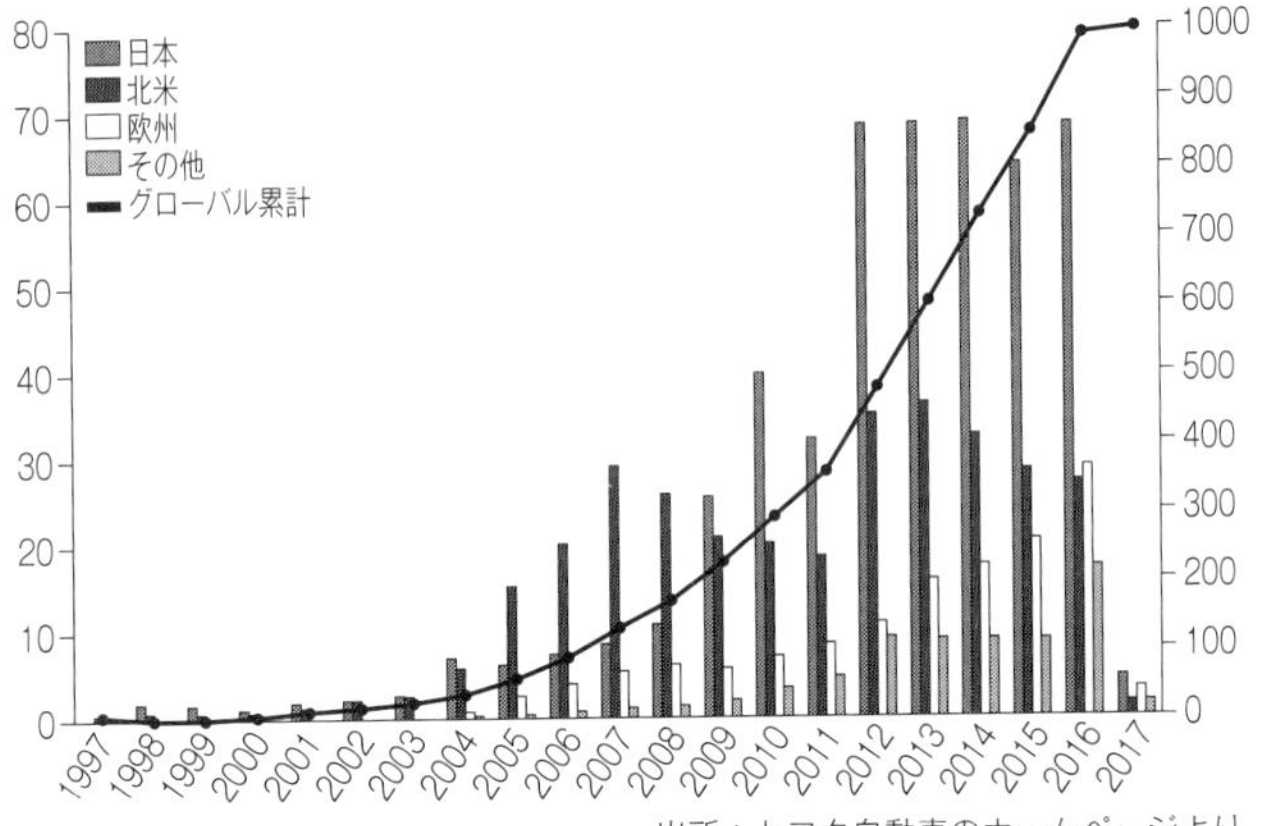

出所：トヨタ自動車のホームページより

図7　トヨタのハイブリッドカーの累計生産台数

エコプロダクツの生産を担当する「製品環境委員会」、工場の環境対策を担当する「生産環境委員会」、部品や廃棄物などのリサイクルを担当する「資源循環環委員会」が、トヨタの総合的な環境目標を分担して全社の従業員を指導しています。

図6の二酸化炭素排出削減の実績も、エコプロダクツであるエコカーの燃費の改善も、トータルで温暖化対策に貢献する取り組みの一環です。ポーターの考えるようなCSR（温室効果ガスの削減対策）と切り離されたエコプロダクツ（CSV）ではありません。

4 CSRは宝船、CSRプロダクツ（CSV）は宝物

たとえるなら、CSRは優れた頭脳と健全な肉体を持ったモラルのある企業という宝船であり、経営者はその宝船を操縦する船長です。船長が指導する宝船にのっているCSR活動の成果であるCSRプロダクツ（CSV）は、宝物（富）と言えます。この宝物は、CSVを売って得られたお金も入りますが、そのお金のもとをたどるとCSR経営とその活動に富のルーツがあります。

CSRなしにCSVという宝物を作ることも運ぶこともできないことは明らかです。ポーターの主張する「CSRと切り離されたCSV」は現実にはあり得ないので、CSRプロダクツをCSVとして表現する際には、「CSRとともにCSVを推進する」、「CSRを前提にしたCSV」とただし書きをつけて使用しましょう。

5 CSRプロダクツ（CSV）がつねに正しいとは限らない

CSVであれ、CSRプロダクツであれ、社会貢献する製品やサービスのアイデアの立案や試作を行う際には、そのプロダクツが解決する問題について、専門的な知識と助言をするステークホルダーが存在します。

例えば、再生エネルギー市場で有力視されている風力発電機は、環境に優しいエネルギーと見なされ、再生可能なエネルギーを支援している環境保護団体は風力発電の設置を推奨しています。

ですが、風力発電機には、環境に良いことだけではなく、3つの弱点があるのです。

1つ目は、山の尾根などに風力発電機を設置する際に、その大きな羽根や構造材を運ぶために、山の木を大量に切って道路を作ります。大雨が降ると土砂が河川を流れて海を汚染し、魚貝類や海藻の生育に影響します。

2つ目は、2キロ四方に24時間聞こえる羽根の回る音（風切り音）が近隣に住む住民の健康に影響を与えてしまうことです。

3つ目は、渡り鳥などが羽根に衝突して死亡するバードストライクです。日本野鳥の会によれば、2001年から2014年までにバードストライクで死んだ野鳥の数は、約300羽。そのうち、天然記念物のオジロワシなど絶滅危惧種は6種計42羽と報告されています。これは全体のバードストライクで死亡した数の一部に過ぎないと言われています。

風力発電機の設置には、多様な環境保護団体と相談して風切り音を少なくする羽根の改良、バードストライクが集中する風力発電機を特定し、渡り鳥の飛ぶルートを避けるために設置箇所を変えるなどの工夫が必要になります。CSVやCSRプロダクツも新たな環境問題を引き起こさないように進化しなければいけないのです。

CSRプロダクツ（CSV）の市場はますます拡大する

NPO法人リライブは、大阪府泉南郡岬町で休耕田を活用して障害者雇用と町の観光資源を生み出しています。

都市部に住み、農地を持たない遠隔地の市民に1年契約で農地（休耕田）を借りてもらい、現地に行かなくてもスマートフォンやパソコンで作物の状況を確認でき、植え付けから水やり、肥料、草抜きなどの指示が行われる仕組みを作っています（リモコン農園）。

この農作業には、障害者が雇用されて請け負っています。また、休耕田での農業体験や収穫作業、料理体験プログラムが用意され、古民家での宿泊もでき、町の観光産業の開発にも取り組んでいます。障害者の雇用、休耕田の有効活用、農業体験の宿泊施設の提供など、ソーシャルプロダクツ（CSV）の典型と言えるでしょう。

さらに、オーガニックコットンの衣料メーカーが、NPO法人日本ウミガメ協議会と共同してメンズのTシャツを開発しました。

一見するとウミガメのイラスト入りのTシャツに見えますが、シャツの生地には10%のオーガニックコットンが含まれて製造されており、その商品のタグには、「Blue Ocean Project」の名前が表示され、ウミガメの保護や研究の活動を支援すると記されています。

QRコードをスマートフォンで読み込むと、タグがプロジェクトの内容や寄付への感謝の気持ちを話し始めます。普通、タグは購入後、すぐに捨てられてしまいますが、これは希少価値があります。売上金のうち、1枚当たり10円が日本ウミガメ協議会に寄付される仕組みなので、ソーシャルプロダクツ（CSV）と言えるでしょう。

こういったCSRプロダクツ（CSV）の市場は、今後ますます拡大していくでしょう。

第3章

CSR経営を行うには

STORY 3　香織の会社経営

お父さん天国でいかがお過ごしでしょうか?
谷村家はなんとか2人でやってます
はい いってらっしゃい
お父さんが亡くなったのを聞いてしばらくはいろいろ訪ねてくる人がいましたよ
お父さんの顔の広さと慕ってくれる人の多さに驚きました
でもってそのときいただいたお菓子類は私・お母さん・社員でおいしくいただきました!
わーい
うん
おいしい

今治の町は
あいかわらず
おだやかですが
産直トマトメニューあります
地域活性化のために
若い世代が行動を
起こし始めています
私も時々
顔を出すように
しています
香織ちゃんと
健太って
お似合いじゃない？
前から
見てて思うん
だけど
……

ないっス。
ほらぁ～ハモってるし
そういうところがいいと思うんだけどねぇ～
ないない！
え？
どういうことですかそれ？
小山繊維さんが倒産！

小山セ…
うちの
大口（取引先）ッスよ!?
どうするんです
支払い！
大企業とはちがうんだ
私たちが原因じゃなくても
思わぬところから
足元を崩される
それが中小企業…

お集まりの皆さん
昨日小山繊維が倒産しました
その影響で千年堂タオルも債務超過となり大変厳しい状況です
まさかうちも倒産…？
ざわ
小山繊維も海外製品に押されたか
まさかあの小山が…
ざわ
それで？
資金集めは？いまどんな状況？
いえまだ…
はあ!? 何やってんだ！先代社長ならもっと早く動き出してるぞ！
ビクッ
こんな集まりの前にすることあるだろうが!?

社長さん
落ち着いて
私たち株主はあなたの敵じゃないのよ？
若いあなたがお父さんほど人脈がないのはわかってる
その上で言わせて
この先社長でいるなら覚悟を決めてほしいのよ
私たちは千年堂タオルの企業のあり方にほれて株主になっているところもあるのよ
お父さん
あ…
明日から資キ

あれ？
ひょっとして
取り込み中？
あ、でも
皆さんおそろいなら
召し上がります？
ドキ
ドキ
いただこうかな
ちょうど一服
したいとこだった
どーぞ！
糖度10の
フルーツトマト
なんですよ！
…私もいいですか？
オレも…
あ
おいしい
1個といわず
2個でも3個でも
まだまだ
ありますよー

へぇ？
取引先つぶれて
やばいんスか
いや
大丈夫っしょ
台風で
トマト全滅したって
俺らまだ
やれてますもん
作ってるものに
ファンがついてるなら
やっていけますって！
んじゃー
失礼しまーす
CALL
あ
ばあちゃん？
一生の
お願い
今から言う
サイトで30枚くらい
タオル買ってくんない？
いや
オレオレ詐欺じゃ
ねえって！

次の日から資金集めに奔走した
そうこうしているうちに
千年堂タオルの経営があぶないという情報は全国に知れ渡っていた
タオル何枚買えば倒産しないで済みますか？
がんばれ！
千年堂タオル倒産しないで！
拡散希望
千年堂タオルを救え！
もう20年近くタオル使ってます、お願いですなくならないでほしい
毎日届く激励のカキコミに流す社員の涙と鼻水はオーガニックタオルが吸い取ってくれてますがんばります！
ってつぶやいといて〜
うわ〜んうれしいよお〜
はい
でも「鼻水」は抜いときますね

あとこの1文を入れておいてほしいの
「私たちはまだ
タオル作りをあきらめてはいません！」
手形の期限が迫ってます
あと7億足りません

事情はだいたいわかってるよ
とんだ災難だったねぇ
君の言いたいことも察しがつく
もう少し早く来るかと思ったけどね
今日この時間にしかお会いできないとのことでしたので
そうだったかねぇ？
？
…
このひとタヌキだ…
希望額はどのくらい
5億？
7億円です
うん

出さないよ
今治に戻ったら民事再生の準備をしなさい
収益の多くをOEMで占める経営がアダになったね
高くついたが勉強代だと思いなさいよ
千年堂タオルの信用と実績が本物なら
連鎖倒産ごときで消えるわけがない
私はそう思っている
……
民事再生手続きは初めてでしょ？キミ
数百万の費用かかるから会社に戻ったらすぐ確認しなさい
あとは取引先を他社に取られないようにフォローをしっかりしておくこと
あとそれから…
ばっ
経験者
長くなりそう

よって本件は民事再生法を適用し…
事業の継続を認めます
お父さんごめんね
社長になった当初はお父さんのやり方を維持すればいいと思ってたけど
会社も生き物だから変化していく
今ならあのときの言葉の意味が理解できる
そのためにはよそ者が必要ってことにもなるんだぞ

本日は おつかれさまでした 谷村社長 社員の皆さん
今後の 順調な再建を 願っております
実は私の自宅に 千年堂タオルさんの バスタオルが1枚 あるんです
メーカーさんの前で なんですけど ずっとタオルなんて どれでもいいと思って ましてね
千年堂さんの タオルは引出物か なにかでもらったん でしょう
うすいピンクの バスタオルなんて ふつう記憶に 残らないんですが…
ん？
……
これがわが家で 大人気でして
なんかこれ いいよねぇ？
やさしく すいとるって いうか…
やっぱり そう思う？
わたしも！ おとーさん そのタオル
わたしが 使おうと 思ってたのにー

普段気にかけないものを特別なものに変える
千年堂タオルさんにはそういう力があるからきっと大丈夫です
どうか事業の継続にまい進してください
ありがとうございます
期待に応えられるようがんばります！
いちファンとしてこれからの発展を楽しみにしています

お父さん
今回のことを教訓に千年堂タオルは方針を変えることになりました
この先2年かけてOEMからの完全脱却
オーガニックコットンを使用した自社製品の製造・販売に専念する体制へと移行します
つまり自分たちで開発した商品で世の中に打って出るということで…
あ、ごめん言い忘れてた！大事なこと！
従業員のリストラはしません！
よっしゃ
ほっ

私たちはこの今治で最高のタオルを作っていきます
一方でみんな家に帰ればタオルを使うユーザーでもあります
プロとして消費者としてみなさんの力をかしてください！
これからもよろしくおねがいします！
見ててねお父さん！

2年後
株式会社 千年堂タオル
タオルマフラー 今年の計画は？
30～40代購買層の強化を目的としたカラーシリーズの展開を考えています
リバーシブルを男女各3種類予定しています
発売は9月中旬
えーと たしか
売るときチラシを同封するよね？
ラフできてる？
ハイ これです
タオルプロジェクト
酪農家にタオルを届けよう
ご自宅で眠っているタオルはありませんか？
搾乳するときに必要なタオルが不足しています。
酪農家が搾乳するときに使うタオルの寄付を呼びかけるものです
「寄付するタオルは未使用の新品に限る」のところをもっと強調しておきましょう
ホームページでのよびかけも同じく！

社長
お客様が到着されました
え？
ホント？
早い！
バタ
特別な方がお見えになったんですか？
うん
先代の社長が懇意にしていた海外の方でね
ピーターさんっていう…
Hi!
香織★
どーん
スポーツタオルがバスタオルに変身したよーな…

経営は順調
みたいだね
よかった！
ありがとう
ピーター
みんながんばった
結果なんです
「おかげさま」
ってやつだね！
千年堂タオル
最近の人気商品は
あれだね
「タオルマフラー」
もこほわーっと
したアレ
それも
ありますが
今年の
イチオシは
ハンドタオル
なんですよ！
ハンド
タオル？
ハンドタオルは
以前からある
定番商品ですが
この人気選手が
きっかけになりました
ピッチングの前に
こうやって汗を
拭くシーンが
かっこいいと話題に
なって売上が
伸びたんです
プロに品質を
認められたんだね
すばらしい！

全色買いデス!!
カケジクにして
妻と子どもたちとで
寝ぞうアートして
それから…
今回来日して
いろんな企業を巡ってみて
10年前とはちがう
うれしい変化を
はっきり
感じました
日本にCSRの概念が
着実に根付いています

それは
都会に限らず
地方にも浸透
しています
この今治の
ようにね！
お連れさん
風呂あがり？
うちの会社から来ました！
Oh！！
このトマト
最高です！
ですよね！
びくっ
うふふ
やっぱり
おにあい
だわー
フォン？
新規のフォンか？
あ
でも
ひとつだけ

CSRは
普遍的なもので
世界中どの土地でも
受け入れられます
なんて言ってるの？？
その上でこれからは
日本の土地に合った
CSRを作り上げる
べきだと思います
ちょうどこの
地産トマトのように
だって
お父さんなりの
CSR実践だったと
言えるでしょう
おかげで
私と彼はビジネス
パートナーとして
出会うことが
できました
CSRを知らなかったけど
父はその必要性を肌で
感じて自分のできる
ところから少しずつ
行動しました
CSR…

なあ
このCSRって農業にも使えるよな？
生産者・中間業者・消費者のみんなが利益を感じるものじゃないと長続きしないっていうことだろ？
作ってももうからないし…続かない
安いよ〜
おいしい
よいものを適正価格で！
おいしい!!
そうです！
農業にたとえるとわかりやすいですね
そういえばこの前
健太たちのトマト美味しいって写真アップされてたよ
へえ
そうか？どこで？
え？
自分たちの野菜ブランド化したいって
言ってたわよね？
ゴゴゴゴ
？……はい……

毎日畑仕事が忙しいとは思いますけどね？
ブランドのロゴマークは？SNSのアカウントは？
ブログの更新は？
わたくしファンとして毎月チェックやサーチをしてますけどあなたがたはどうしているの
まったくもー！
ハヘ
お母さん！ピーター！トマト持ってスマイルして！
パシャ
ハーイ
3人とも今からこの写真を待ち受けに
彼ト香織ハオ似合イデスネ
2人ガ協力スレバ
キットスゴイコトガデキマスヨ

千年堂タオルは倒産の危機に陥り、民事再生手続きを申し立てることになる。それを機に香織は経営方針を変えることを決意し、本格的にCSR経営に乗り出していく…。

次のページからは、どのようにCSR経営を進めていくかを学んでいきます。

CSR経営を考える

CSR経営に必要とされるもの

持続可能でモラルのある企業を目指すCSRは、過去のマネジメントの優れた成果を引き継いでいます。

ただ、CSRはこれまでのマネジメントの基本を生かしながらも、新しい視点、新しい取り組みを必要としています。伝統的な日本の企業から見ると、違和感があったり、根本的な発想の転換を必要とするケースが出てくるかもしれないためです。また、CSRは長い目で企業の成長を進めるために、短期的な考えで利益の増加を期待する株主や投資家との間で、利害の不一致が生じることもあるのです。

さらに、経営のトップがCSRへの見識を持つことや、CSRへの経営方針の科学的な作成と決断力も必要とされます。

それでは、経営という立場から、CSRを進めるときに、何に注意して、どのように実施すべきかを考えていきましょう。

CSR経営を考えるためのキーワード

ＣＳＲ経営を行うとき、ぜひ覚えておきたいいくつかのキーワードがあります。まず、その内容を理解しましょう。

① ステークホルダー

企業が存続する上で大切な利害関係者は「ステークホルダー（stakeholder）」と呼ばれます。

元々は、アメリカに移住した開拓民が土地の所有を明らかにするために打たれた杭（stake）とその所有者（holder）に語源があるとも言われていますが、今日、ステークホルダーは、企業がビジネスを進める上での重要な利害関係者の意味で使用されています。

ステークホルダーは2つのグループに分かれます。

1つ目のグループは、内部ステークホルダーと言われ、企業が製品やサービスを作り出すプロセスで企業の経営や労働のプロセスに密接な利害関係を持つ者です。例えば、経営者、従業員（労働組合）、株主などがあげられます。

２つ目のグループは外部ステークホルダーと言われ、企業の構成員以外で企業との重要なつながりを持つ者です。製品やサービスの消費者（顧客）、消費者団体、ＮＰＯ、債権者、取引先企業、ライバル企業、業界組合、地域社会（自治組織や学校、寺社など）、行政官庁などです。

ＣＳＲ経営を成功させるには、この数あるステークホルダーから企業にとって重要な相手を選別し、特定する必要があります。

② ＰＤＣＡサイクル

どのようなマネジメントも、最初に事業の目的・目標を決めて、その計画（Plan）を実現するための財源を準備し、原材料の調達や工場の設置、業務を分担する人員を配置し、実践（Do）しなければなりません。３カ年計画や5カ年計画と呼ばれる計画であっても、毎年、数年先の目標に対する達成状況を評価・点検（Check）し、目標を達成できなかった原因や問題点を明らかにします。この分析の結果から、当初の計画の目標や達成方法に誤りがあれば、修正し、改善された行動（Act）を起こします。最後のActから再び次のＰＤＣＡサイクルにつないでいくので、らせんを描くように継続的に業務を改善することができます。

ＣＳＲの経営もこの考え方から、最初の計画目標に、企業として取り組むべきＣＳＲの目標が組み込まれます。

③ 情報公開と説明責任、結果責任

ＣＳＲ経営を行うときは、目標や実績を文書やホームページ、ＳＮＳなどで社会に公開（情報公開）しなければなりません。

それは、ＣＳＲ活動の実績を正確に理解してもらうために、ＣＳＲ情報を公開し、企業と社会の間の情報交換、新陳代謝をはかる。得意先やお客様の声、地域社会からの要望などをくみ取って、風通しの良いシステムを作る。ステークホルダーからの質問や苦情に対して誠実に説明（説明責任）し、社会との信頼関係を築くためです。

また、重大な不祥事や事故を起こした場合には、就業規則にのっとってＣＳＲ経営の担当者・責任者が社会的な損失を与えたことに対する責任（結果責任）をとることも大切です。ＣＳＲが企業の自発的な取り組みであるとはいえ、企業が社会的な損失を与えたときには、いさぎよく自社の責任を持つ役員にペナルティを課して処分することは、口約束だけでなく社会的責任への本気度が試される必要な措置です。

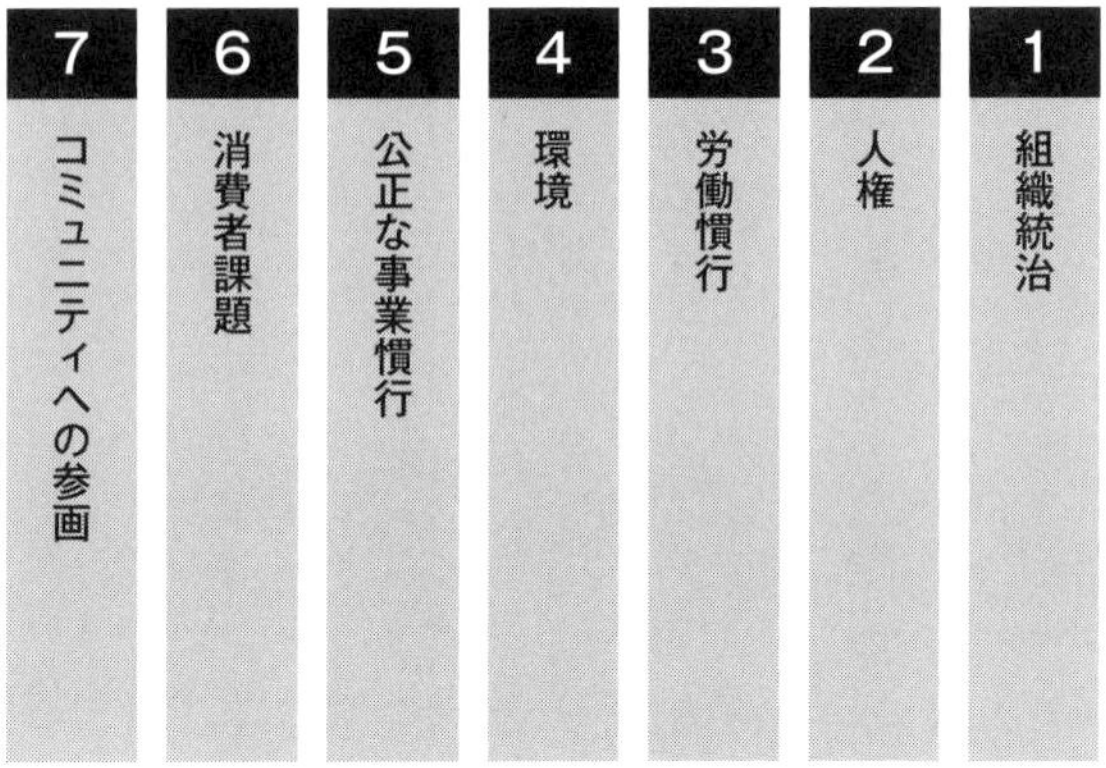

図８　ISO26000の７つの主題

④　本業での社会貢献と７つの主題

66ページでも触れましたが、ＩＳＯ26000の主題には、図８のように７つの分野があります。

　この７分野は世界共通の基準なので、重点の置き方の違いや企業の事情に応じた取捨選択もあり得ます。

　なお、取り組むときは、これらの主題に、「本業での社会貢献（ＣＳＲプロダクツ、ＣＳＶなど）」という主題を加えて、８つの主題とするといいでしょう。

　本業での社会貢献は、企業の製品やサービスを社会貢献型に転換して収益を実現することから、エコプロダクツ、ソーシャルプロダクツ、ＣＳＲプロダクツ、ＣＳＶなどと表現することができます。

1. 組織統治
2. 本業での社会貢献（CSRプロダクツ、CSVなど）
3. 人権
4. 労働慣行
5. 環境
6. 公正な事業慣行
7. 消費者課題
8. コミュニティへの参画

図9　CSR経営の8つの主題

この8つの主題を一体として取り組むことで、CSR経営の確固たる基礎が作られます。したがって、CSR経営の主題（柱）は、図9のように8つの主題になります。

⑤ 先義後利

「せんぎこうり」と呼びます。社会的に良いと思われる行為を先に行えば、利益は自ずからついてくる、という考えです。

日本の商人が永年、尊重してきた「正しい商売を行えば栄える」という商人道を簡潔に表しています。

江戸時代の呉服商で、福助人形のモデルとも言われている大丸の創業者、下村彦右衛門は、１７３６年に、「先義後利」を店是として全店に布告しました。

１７５７年には、江戸の大丸呉服店は、呉服業界で売上日本一になりました。

１８３７年、大坂町奉行所の元与力であった大塩平八郎は、飢饉に乗じた豪商による米の買占めや米価格の暴騰など民衆の苦しみに対して適切な対策をとらない幕府に憤慨し、「救民」の旗を掲げ、民衆とともに武装蜂起しました（大塩平八郎の乱）。鴻池屋など北船場の豪商の自宅や商店が襲われる中で、「大丸は義商なり、犯すなかれ」と広告し、大丸は焼き討ちを免れたというエピソードがあります。

ＣＳＲは、たしかに、企業が自発的に、社会的に良いと思われる行為を計画し、実践するマネジメントですが、最初は、労力も時間も費用も要します。

ですが、その活動の継続が、社会的な評価、社会的な信用につながり、ひいては、企業のＣＳＲプロダクツ（ＣＳＶなど）への支持や顧客からの支援に結びつくのです。

最後の「利益」につながることを最初から期待するわけではありません。しかし、現代の経営学の理論や知識では合理的に説明できないのですが、ＣＳＲ活動と企業の発展（成長）には目に見えない因果関係がたしかにあるのです。

CSR経営を進める①

経営トップがCSR経営の推進を決断する

企業の最高責任者は、CSRが求めている持続可能な経営を推進することが、企業の経営理念に合致し、これからの企業の成長をはかる上で有効と見なすならば、CSR経営の推進を決断します。

この際、会社創業時から大切に守られてきた経営理念や社是などもCSR経営の目標にふさわしいかどうか、自己点検し、必要なら修正します。

CSRという海外からやってきたアルファベットの使用を強制されるのではなく、経営理念の内実がCSRの考える企業の理想像に近ければ、それで良しとします。

日本的なCSRを独創的に表現する

創業以来、寒天の製造販売と研究開発を続け、48年にわたって増収増益を達成した伊那食品工業（長野県伊那市、社員500名）の社是は、「いい会社をつくりましょう」です。CSRの理想とする企業像がこの言葉に凝縮されています。

同社は、自分たちが「よい会社です」と主張するのではなく、地域の方やお客様が「いい会社ですね」と評価してくれる会社にしようというのです。

二宮尊徳の教え「商業道徳」を尊重し、リストラなどで目先の利益を追いかけるのではなく、大木《たいぼく》が毎年年輪を重ねて成長するように、長い目で、社員や社会の幸福のために活動することを社是としています。

同社は、この経営を「年輪経営」とも呼んでいます。CSR経営という横文字を使わなくとも、日本的なCSRを独創的に表現することは日本企業の主体性として大切なことです。

CSR経営は、企業のモラルと社会的な信用にかかわる最高レベルの総合的なマネジメントなので、経営トップが自ら決断して導入しましょう。

CSR経営を進める②

CSR経営の現状を把握する

次は、152ページで説明したCSRの8つの主題それぞれを自社の現状に当てはめ、自己診断を行い、強みと弱みを把握します。

その際、どのような基準を用いて診断するかは、ISO26000のガイドラインを参考にします。具体的には、次のような診断基準が想定されます。

□コーポレート・ガバナンス

CSR方針の確立、CSR委員会と責任体制、CSR学習会、CSR活動データの管理など。

□CSRプロダクツ

エコプロダクツ、ソーシャルプロダクツの研究開発と認証取得、売上に占めるCSRプロダクツの比率など。

□人権

高齢者や障害者の採用状況、男女賃金差別の解消状況、女性役員の登用率、パワーハラスメントやセクシャルハラスメントの対策など。

□労働慣行

働きがいのある人間らしい仕事（ディーセント・ワーク）を提供しているか、働くことと生活の両立が図られているか（ワークライフバランス）、供給業者や下請け業者に対して搾取的な労働・危険な労働を強要していないか、残業時間の削減、有給休暇の取得率、非正規雇用から正規雇用へのシフト、団体交渉を誠実に行い労働組合員への差別が解消されているかなど。

□環境

地球環境問題を認識して、企業として、どのような環境対策（二酸化炭素の削減、廃棄物のリサイクル、有害化学物質の使用削減など）をとるかを検討します。

工場などの生産段階で環境に負荷をかけない目標を設定する方法と、自社が生産する製品やサービスが顧客の消費段階で環境負荷を削減する方法（エコプロダクツの開発）に大別することができます。

自動車や家電産業では、生産段階よりも、消費者の手元で製品として使用される消費段階の環境負荷の総計は数倍と言われています。生産段階での環境負荷を削減することを柱に、調達、流通、消費、廃棄、リサイクルの全ての段階での環境負荷を削減する「ライフサイクルアセスメント（Life Cycle Assesment）」が環境マネジメントの理想となります。

中小企業の場合には、人的資源不足もあり、当面は、最も環境負荷の大きい工場単位の環境対策から出発すべきでしょう。

また、国際的な環境マネジメント規格であるＩＳＯ１４００１や日本の中小企業向けの環境マネジメント規格であるエコアクション21などの環境マネジメントシステムの認証を受け取ることも、環境対策の有効性を高めることにつながります。

□公正な事業慣行

ビジネスのプロセスで、贈収賄（現金または現物によるわいろの提供、要求、受領）や詐欺行為、横領など不正な商取引が行われていないかをチェックします。公務員や民間部門の人間を巻き込んだ汚職は、民事処分や行政処分、刑事訴追を受けることもあり、公正な競争に損失を与え、人権の侵害や経済的な意思決定システムの崩壊や経済成長を歪めるおそれもあります。

このチェックシステムは、下請け企業や調達先の企業、販売先の企業などを中心とする「価値連鎖（Value Chain）」を分析し、全体的な社会的責任としてとらえることが大切になります。

□消費者課題

公正なマーケティングが消費者に対して責任を持って行われているかをチェックします。

チェック項目としては、「安全衛生の確保」、「持続可能な消費のための施策」、「紛争が起こった時の解決と救済」、「消費者のプライバシーの保護」、「製品やサービスの情報へのアクセス」などがあります。

国連消費者ガイドラインでは、企業の社会的責任の立場から、消費者には次の権利があるとされています。

「安全の権利」「知らされる権利」「選択する権利」「意見が聞き入れられる権利」「救済される権利」「教育を受ける権利」「健全な生活環境の権利」

消費者の個人情報の保護について、「情報セキュリティマネジメントシステム(Information Security Management System)」という認証のシステム(ISO27001)があります。組織における情報資産のセキュリティを管理する枠組みで、このマネジメントシステムの認証を受け取っている日本企業は、2017年現在、5258社・団体に達し、急増しています。

□コミュニティへの参画

日本の有力な大企業の売上と利益の半分以上は海外から受け取っています。国内外の工場の従業員は、周辺地域の住民が労働者として雇用され、受け取る賃金は彼らの生業の原資となります。国内市場だけで成長を考えていた段階とは異なり、世界の事業所で展開する多国籍企業の社会的責任ははるかに重いものがあります。

コミュニティへの企業の参画の目的は、企業のビジネスが社会的に意義のあるもので、現地の従業員とその家族、住民に正確に説明し、理解を深め、対話をするためです。現地の環境保護や歴史的に受け継がれている文化的な行事を支援したり、地元の住民とのコミュニケーションを深めることも企業市民としての社会的責任の1つです。

富士通グループは、CSRレポートの中で、次のような経営トップの方針をあげています。

「ICTの力によって、持続可能な地球と社会の実現に貢献すること、デジタル社会の安心・安全を維持・強化していくことをグローバルICT企業としての社会的責任と考えています」

「2014年度から、当社は、富士通グループの理念・指針である『FUJITSU Way』に基づき、ISO26000の枠組みを活用して、CSRへの取り組みを強化してまいります」

「当社は、地域の皆様への日頃の感謝を示すとともに、当社への理解を深めて頂くため、祭、花火大会といった地域イベントなどに参画し、積極的に地域コミュニティとの交流を図っています」

CSR経営を進める③

自社のCSR経営の診断を行う

ISO26000の主題にCSRプロダクツを加えた8つの項目で、自己診断をします。

企業の主体的な判断で、経済責任であるCSRプロダクツに国際化や情報化という項目を加えて、経済責任項目の割合を増やした10項目から自己診断してもいいでしょう。

また、中小企業は、自社にとって大きな判断基準となる項目を5～6項目に削減して診断しても構いません。しかし、コーポレート・ガバナンスとCSRプロダクツは必須です。これがないと、CSR経営の中枢系統（首脳部）の存在と機能、企業の持続可能な成長の方向性が見出せなくなってしまいます。

企業モラルの経営実績を「見える化」する

仮に、X社の自己点検の結果を次のように仮定します。それぞれの項目は100点満点を基準にしています。

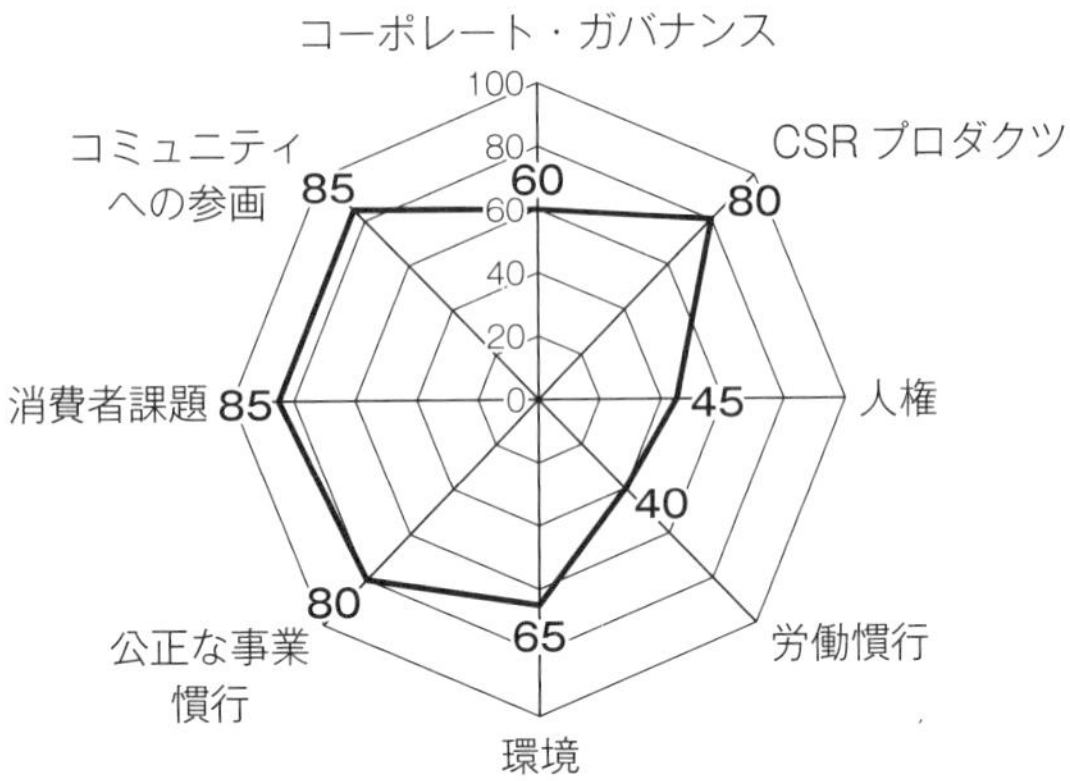

図10　X社のCSR診断

コーポレート・ガバナンス60点、CSRプロダクツ80点、人権45点、労働慣行40点、環境65点、公正な事業慣行80点、消費者課題85点、コミュニティへの参画85点となりました。

この数値をレーダーチャートでビジュアル化すると、図10のようなグラフになります。

同社の各項目の目標水準を80点以上としましょう。この基準を満たさない項目は、コーポレート・ガバナンス、人権、労働慣行、環境となり、特に人権と労働慣行のCSR経営達成状況が極端に低いことがわかります。したがって、X社は、人権と労働慣行を中心に、なぜ目標を達成できない低い水準にあるのか、その原因を探り、解決策を経営トップに提言して、次のＰＤＣＡサイクルに組み込んで改善することができます。

こうして、診断項目を科学的に設定して、統計的に集約すると、目に見えなかった企業モラルの経営実績がビジュアル化されます。企業の「強み」と「弱み」も一目瞭然（経営戦略論ではＳＷＯＴ分析とも言う）で、この診断結果をもとに次の改善の課題と解決策を科学的に探求していきます。

この経営診断とＰＤＣＡサイクルの組み合わせによって、ＣＳＲ経営の改善効果は確実になります。

CSR経営を進める④

CSR経営の業務の分担と責任の所在を明確にする

CSRは、モラルある成長に向かって企業を誘導しなければならないので、経営トップが担います。中間管理職以下に権限を委ねるべきではありません。全社にまたがる委員会、もしくは総務部のような会社活動の全体を統括する組織（本社）が担ってもいいですが、責任者と責任ある体制を持つべきでしょう。

中小企業の場合、社長がCSR責任者を兼ねるケースも多いのですが、理想的には、CSR担当部署を設けて陣頭指揮し、全社員に業務を分担すべきです。

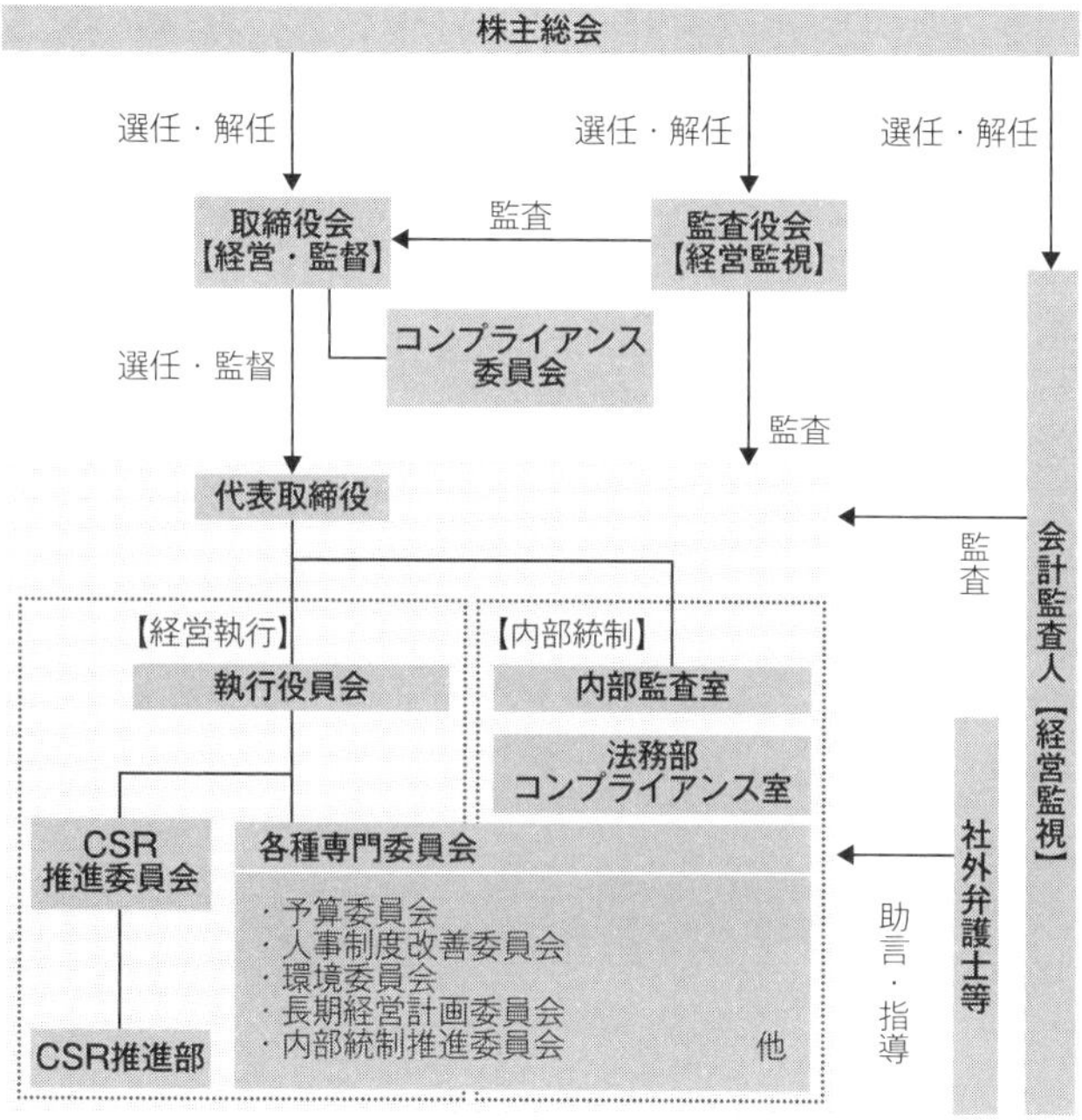

図11　CSR委員会の組織（飲料品メーカーY社の例）

CSR経営を進める⑤

従業員の教育・啓発とモチベーション

ＣＳＲは企業の行動をモラルあるものにし、企業の成長を長期的な視点から高めるマネジメントなので、この活動を担う社員の意識改革と人間的な成長が求められます。

ＩＳＯ２６０００の規格パンフレット、商工会議所や商工会連合会が推奨するＣＳＲパンフレット、ＣＳＲ経営マニュアル、その他のＣＳＲにかかわる実務書などを基にして、学習会や講演会を行い、ＣＳＲの知識と理論を学びます。

社員への学習・啓発の機会を作るためには、時間と労力、費用も要するので、企業として、どのような内容に焦点を当てたＣＳＲ学習会（講演会）にしたいか、その目標を明確に設定します。基礎的な知識の習得なのか、ＣＳＲの知識や理論を用いた応用能力をつちかうのか、最初の目標設定が肝心です。

ＣＳＲに精通した企業になれば、ＣＳＲの理論と実践の経験豊富な社員が講師になって他の社員を教育したり、新しいＣＳＲの活動を提案して、創造的なＣＳＲ活動を担う主体性のある人材に成長します。

また、CSR活動への有効な提案をしたり、CSRの創造的な活動に貢献した社員を公正に評価して報償を与えるなど経済的なインセンティブを設けることも全社的なCSR活動の活性化に結びつくでしょう。

社員も会社もともに成長するように、社員へのCSRの啓発努力は持続的に計画的に実施すべきです。最近では、CSR検定という資格制度も誕生し、主に企業で活用されているようです。

CSR経営を進める⑥

ステークホルダーとの意思疎通を深める

ＣＳＲ活動の結果は、ＣＳＲレポート、またはサステナビリティ・レポートなどにして配布したり、ホームページやＳＮＳで公開しましょう。

従業員に対しては、社内報やイントラネット、研修会などで報告し、ＣＳＲ活動の実績に対する意見を聴取したり、社員の意識改革に役立てます。労働組合に対しても意見を聴取します。顧客や取引先に対しては、レポートや公式のウェブサイトを通じて、広くＣＳＲの実績と方針を伝達します。サプライヤーに対しては、ＣＳＲから調達の方針を説明し、品質管理の改善などＣＳＲ経営の調査も進めます。お問い合わせ窓口などからも意見を聴取します。株主総会では、経営トップがＣＳＲ経営の活動実績と今後の方針を説明し、投資家や株主の理解と支援を得るように努めます。

また、地域社会の住民の団体とのコミュニケーションも行い、ＮＰＯ、ＮＧＯとの定期的なコミュニケーションも進めます。

こういった意思疎通から新しいビジネスのアイデアが生まれたり、投資家や消費者からの信用を高めることができます。

伊藤忠商事は、「人材は最大の資源である」、「ひとりの商人、無数の使命」をモットーに、朝型勤務制度を他社に先駆けて実施し、朝食の無料配布、残業時間の削減、産業医や健康保険組合との協力で健康立案施策を作るなど社員の健康に配慮した経営を行い、その実績を定量的に把握し、公表してきました。

この実績をもとに行われる各種のCSR格付けでは、同社は世界的なレベルで表彰されています。同社の「アニュアルレポート（統合報告）」は、「WICI『統合報告』表彰」において、4年連続で優秀企業賞を受賞しています。

また、社会的責任投資のインデックス「DJSI World」の構成銘柄にも選定されています（2015年）。この「DJSI World（ダウジョーンズ・サスティナビリティ・インデックス・ワールド）」は、「経済」「環境」「社会」の3つの側面から独自の調査を行い、企業を多角的に評価・分析し、対象銘柄を選定します。つまり、CSRの重要な評価基準から社会的に責任のある投資を行なう対象として、投資家、融資家に優良な株式銘柄の情報を提供しています。

CSR プロダクツを開発する

７つの主題とともに大切な課題

これまで何度も述べてきましたが、企業の製品、サービス（本業）は企業の利益と成長の源泉です。

そして、ＣＳＲ経営においては、本業の社会貢献度を高めてＣＳＲプロダクツ（ＣＳＶ）を開発することが、７つの主題とともに大切な経営課題であることを学びました。

その際、ＣＳＶとＣＳＲは密接に結びついていて、ＣＳＲを基礎にしてＣＳＶが成立します。さらに、ＣＳＲは、モラルがあり健康な体力を持った宝船（企業）であり、企業が作り出した宝物はＣＳＶ（ＣＳＲプロダクツ）であるという関係にあります。

世界が注目するＣＳＲプロダクツ・ミドリムシ製品

このＣＳＲプロダクツの事例として、日本で誕生した持続可能な食料もしくは再生可能なエネルギーへの応用可能性を持ち、世界的に注目されているユーグレナ社（出雲充社長）のミドリムシ製品（ＣＳＲプロダクツ）を紹介します。

ユーグレナ社は10年以上前に誕生したベンチャー企業で、ミドリムシという藻類（大きさは0・05ミリ）を原料に使った製品を開発し販売しています。

同社は、「人と地球を健康にする」を経営理念にして、持続可能な社会を作るためにミドリムシに注目し、その大量培養技術の開発に成功しました。

ミドリムシは昆布やワカメなどと同じ藻類の仲間ですが、ベン毛を持って動くことから動物のような性質も持っています。

ビタミン、ミネラル、アミノ酸、ＤＨＡ、ＥＰＡなどの栄養素（59種類）が豊富に含まれていて、人間の生活に必要なほぼ全ての栄養素が含まれています。そして、細胞壁がないので、それらの栄養素を効率よく消化吸収できます。また、体の余分な脂肪を排出する働きを強めたり、免疫を活性化させる働きもあります。

ミドリムシは水中で生活し、光合成によって二酸化炭素を固定し、油脂分を作ります。これを取り出すと、バイオ燃料になります。

石油や石炭など数億年前の化石燃料を燃やせば二酸化炭素が排出されます。化石燃料に取り込まれていた過去の地球の二酸化炭素が現代の大気中に排出されるので、大気圏内の二酸化炭素の濃度を高めてしまいます。それが地球温暖化の原因です。

ところが、ミドリムシの中の油脂分を取り出し、燃料にして燃やし、熱エネルギーを取り出しても、排出される二酸化炭素は現在の大気中から取り込んだものが元の大気中に戻るだけで、CO2排出増加量は実質ゼロになります。ミドリムシは太陽光と二酸化炭素、水があれば、どこでも培養できるので、再生可能エネルギー源と言えます。

同社は、生物由来のバイオ燃料の実現のために、アメリカのシェブロンという石油会社とライセンス契約を結び、ジェット・ディーゼル燃料を製造する技術を取得しました。この技術をもとに、ANA、いすゞ自動車、伊藤忠エネクスとも共同でバイオジェット燃料実現に向けた体制を構築しています。国産ジェット燃料は2020年をめどに実用化に向けて急ピッチに進んでおり、その市場化が期待されています。このジェット燃料を使えば、日本の航空機から出る二酸化炭素は、クリーンな排ガス（増加する二酸化炭素はゼロのガス）として、温暖化対策に貢献するでしょう。

さらにミドリムシは、大気中の約1000倍という高い二酸化炭素濃度の気体を通気した中でも元気に生育していく適性能力を持っています。ユーグレナ社は火力発電所の発電時、化石燃料を燃やした後に出る二酸化炭素（窒素酸化物や硫黄酸化物もふくむ排ガス）をミドリムシのいる水槽（培養液も含む）に通したところ、CO2を分解し、酸素を作り出して、大量培養に成功したとの報道もなされています。つまり、火力発電所の排ガスの中に含まれる二酸化炭素の削減にも貢献する技術であることを実証しています。

日本のベンチャー企業の歴史で、国際的にも独創的で革新的なＣＳＲプロダクツを開発したユーグレナ社のような優れた事例はこれまでありませんでした。

このＣＳＲプロダクツの多様な開発は、ユーグレナ社だけでなく、専門的な知識と技術を持つ企業との提携、ＯＤＡの援助、貧困に苦しむバングラディシュの住民とのミドリムシクッキーの開発と配布への協力、多様な研究機関との共同研究、行政官公庁との幅広いネットワークを有効に活用しています。ミドリムシの製品開発はステークホルダーを重視したＣＳＲプロダクツの優れた事例と言えるでしょう。

CSRを成功に導くものとは？

1 商品の価値を問い直す

これまでCSRの目的と方法について学んできましたが、ここからはCSR経営を成功に導く上で、いくつかの注意すべき問題について考えていきましょう。

どのような企業も自社の製品やサービスを消費者（顧客）に販売して、収益から費用を差し引いた利益を実現します。その利益から出資者である株主への配当や金融機関への利子の返済、所得税などを納めて、最終的な利益を得ます。そして、この経済活動の循環が継続することで、年々、企業の資産価値が高まり成長します。

その利益の原点は、自社が販売する商品の価値が社会的に認められ、売れるかどうかにかかっています。不景気や戦争など経済的、政治的な変動によっても企業の成長は左右されますが、商品の価値が企業の成長の原動力であることに変わりはありません。

見栄えやブランドにこだわり、環境と健康に有害な素材を使用し、飾りつけられた商品が市場に溢れていた1980年のことです。

西友のPB商品（プライベートブランド：小売業者が独自のブランドで販売する商品）である「無印良品」が誕生しました。

既存のブランド商品に対抗して、無名の商品だけど生活に価値のある厳選した良品を「わけあって安い」と宣伝し、市場に提供しました。それまで、豪華な商品や過剰包装に商品価値を見出していた消費者に、「華美で贅沢な」生活を続けていていいのかという根本的な問題（価値観、生活哲学）を突きつけたのです。

何色にも塗られていない木目むきだしの鉛筆や、茶色っぽい再生紙のノートやメモパッドをみなさんも無印良品のお店で見たことがあるでしょう。

この無印良品は大ヒットして、1989年、西友から独立し、株式会社「良品計画」となります。2017年現在、営業収益は約3300億円、経常利益は約390億円、売上高経常利益率は約11%で、過去数年間順調に成長している優良企業です。

創業当時、商品は衣料品を中心に40品目でしたが、現在は、衣料品、家具、化粧品、雑貨、食品など7000品目まで拡大しています。国内は452店舗（ライセンスド・ストアを含む）、海外418店舗を擁する世界企業に成長しています。

同社は、素材の選択、工程の点検、包装の簡略化という3つの柱から、商品の原点を問い直して、生活者の視点から新たな価値と魅力を探求してきたことが最大の強みです。「良品」という2文字に込められた企業の知的なメッセージに、ＣＳＲの経営思想にも通じる、商品に対する社会的責任観を読み取ることができます。

2　ＣＳＲとＣＳＲプロダクツの開発をともに実施する

ＣＳＲは、企業の社会的な価値を高め、モラルのある企業、良い会社にするためのマネジメントですが、その社会的責任の中に、経済責任もふくめて、他の社会的責任の項目も一体として取り組むべきだとこれまで学んできました。

ＣＳＲを実践することは、社員の意識改革と教育・啓発、人間的な成長につながり、また経済的利益の実現をも可能にするシナジー効果（相乗効果）が期待されます。企業に働く社員が商品の開発や仕事にやりがいを感じ、誇りを持てる、消費者や顧客もその製品（サービス）に納得し満足してくれる、さらに企業の持続的な成長が期待できる。この社会的に良好な関係を構築することが、ＣＳＲ経営の目的（持続可能な経営）です。

良品計画の「IDEA PARK リニューアル」は、消費者からいただいた商品の改善の提案や、「あったらいいな」という商品のアイデアをネット上に公開し、ネット上での製品の開発提案をして消費者とのコミュニケーションを図り、製品化につなげています。

例えば、次のような提案があります。

「手のひらサイズのアイロンが欲しいです。持ち運びはもちろん、細かなところをちょっとかけられる、お手軽なアイロンになると思います（良品計画の回答：現在、新製品として販売しております）」、「サイドポケット付リュックサックの再販を希望します。リュックを背負ってるけど、すぐに使うものはサブバッグにいれていてはリュックの意味がない！　サイドファスナー・サイドポケットを兼ね備えた『名品』をぜひ再販させてください（良品計画の回答：同じものの再販予定はないですが、ファスナーポケット付きのリュックサックをネットストアで販売しています）」

良品計画の「IDEA PARK リニューアル」は、生活に必要な良品を体験した消費者からの改善提案を企業が拾い集め、新製品開発のアイデアに生かし、CSRプロダクツにつないで経済的に貢献している事例です。

また、このプロセスは、企業の重要なステークホルダーである消費者（顧客）とのコミュニケーションを深め、企業との信頼関係（絆）の構築にも貢献します。さらに、社員の働きがいを強め、企業への誇りをも高めるでしょう。

3　CSR経営の合理的な仕組みを作る

農業をするには、種まきから水まき、肥料やり、病害虫対策、台風や災害対策、収穫、販売にいたるまで、一定の時間の経過を必要とします。

同様に、企業もCSR経営の導入前は、CSRの基礎的な知識を学習し、企業のCSR経営の方針の作成と社員や株主への周知徹底、CSR経営の事前調査などの準備期間を必要とします。そうやって企業のCSRの実態から強みと弱みを把握し、強みをのばし、弱みを克服する方法を考えます。そしてその後に、PDCAサイクルをスタートさせ、CSR経営（3～5年計画）の実践段階に入ります。

その際に大事なポイントになるのが、CSRが社員を成長させ、働きがいのあるマネジメントであることを社員自身、あるいはステークホルダーに「気づかせる」ための仕組みを作ることです。

次の事例は、CSRプロダクツの開発とそのビジネスで、重要な取引先であるステークホルダー（農家）との間で経営の仕組みを作り上げ、成功した事例と言えます。

徳島県勝浦郡上勝町《かみかつ》は、徳島県のほぼ中央に位置し、まわりが山に囲まれた人口約1600人の小さな町です。高齢者の人口比は50％で、徳島県内で最も高齢化が進んでいます。

しかし、近年「いろどり」という事業を産業の核にしながら、自治体で初めて「ゼロ・ウェイスト（ごみゼロ）」を宣言し、「日本で最も美しい村連合」に加盟、現在は「持続可能な美しいまちづくり」を目指しています。

株式会社いろどりは、徳島県上勝町にある第三セクター（70％は町が出資しています）で、町内の農家が栽培する四季折々の葉っぱ（ウラジロやモミジ）を日本料理の「つまもの」商品にして全国に発送、販売するビジネスを行って、年商2億6000万円を達成しています。

料理に添える「つまもの」自体は食べられませんが、日本料理に盛りつけられ刺身や寿司などの美観を高める効果があり、高級料亭の御膳で季節感を演出する必須の素材です。

「いろどり」の創業者である横石知二社長は、過疎化と高齢化で沈滞していた上勝町に農協職員として赴任しました。その当時、町の活性化のために、高齢者、特におばあちゃんたちが活躍できるステージを作れないかと考えましたが、すぐに妙案は浮かびませんでした。その後、上勝町を襲った寒波（冷害）によって基幹産業であったミカンが壊滅的な打撃を受けたため、横石氏はしいたけ栽培に転換するように指導してようやく農家の経済再建の見通しが立ちました。

その頃、横石氏は大阪のある寿司屋で、若い女性たちが料理の皿にのっている「つまもの」のモミジの美しさに感激して、ハンカチにはさんで持ち帰るという光景を目撃し、その瞬間ひらめきました。上勝町は、日本の棚田百選にも選ばれる美しい田園と四季折々の山の幸に恵まれた風光明媚《ふうこうめいび》な里です。その自然資源を使って、「つまもの」という商品にできないかと着想したわけです。

山に自生したり栽培している紅葉や柿の葉やウラジロの葉の一部が商品になるなら、里山の自然を維持しながら効果的に利用することで経済的な価値が得られます。つまりエコプロダクツであり、ソーシャルプロダクツになるかもしれないと考えたのです。

それから数々の失敗にもめげず経営のノウハウをつちかって、「いろどり」を全国の「つまもの」市場でリーダー的な存在に育て上げました。

その際、横石氏は、「つまもの」を栽培する農家の生産者（特におばあちゃん）に対して、次のような経営の仕組みを作って、「つまもの」に対する生産者の意識改革と「自分たちでも主役になれる」という自信をつけさせました。

1つ目は、現場を知って学習し、考える力をつけるということです。最初は、「葉っぱ」が商品になるという説明に疑問を持ちバカにしていたおばあちゃんたちを関西の高級料亭に案内し、「つまもの」がどのように使われているか、どのような価値を持つかを実際に視察させました。豪華な料理に添えられている「つまもの」の意味とその商品価値を理解したおばあちゃんたちは「つまもの」の栽培に真剣に取り組むようになりました。

最初は野良作業姿のような服装で料亭に案内されていましたが、最近では服装や化粧にも気を使い、オシャレな服装で料亭の視察に参加するそうです。高級料亭と立派な食事、その商品を引き立てる一流の商品を作っているというプライドが芽生え、女性らしく外見にも気配りをしてモダンなおばあちゃんに変身したわけです。

2つ目は、農業生産者が自分で意思決定して仕事ができるようにしたことです。農協や「いろどり」から指図をして生産者がいいなりになるのではなく、市場の売値の情報を提供された生産者が、その情報を読み解いて、自分の土地で栽培されている

「つまもの」のどれをどの値段でどれだけ売るかを決めることができるようにしました。そのため平均年齢70歳くらいのおばあちゃんたちに、インターネットにつながったパソコンを配布し、操作できるように工夫しました。

　現在、最高で２００万円の月商をあげるおばあちゃんもいて、息子が孫を連れて帰り、孫と一緒に「つまもの」の栽培に従事する姿も見られます。

　生産者が主役になって自分の生産物を自分で決定して売る、消費者がどのように生産物を利用し満足しているのかを知る、これらのネットワーク化によって自分の作っている生産物が社会的に価値があり、社会のために役立っているという実感が得られます。その結果、農家の所得向上が実現し、農家への情報提供と商品の収集と搬送、販売に携わる株式会社「いろどり」の事業収入の増加にもつながります。

　横石氏は、この経営の仕組みを作り、過疎化で停滞していた町を元気づけた実績から、「世界を変える社会起業家１００人」に選ばれています。

4　CSRの課題を羅列的に取り組まない

　ＣＳＲの８つの課題のうち、ＣＳＲプロダクツの開発はすでに述べた１～３で説明し、優先的に取り組むべき課題であることを説明しました。それ以外の７つの課題のうち、何を重点項目にするかは、業界によって、企業のCSR実績の到達点によっても異なります。いずれにしろ、企業が主体的に判断し決定しなければなりません。

中小企業の場合には、少数の項目に絞り込んで重点的に取り組むべきでしょう。もちろん、総合的に取り組んでから強みと弱みを再度確認して、重点項目を選定するというアプローチも有効です。

5 結果責任を取る

CSRは、企業が取り組む経営課題に社会的責任を持って活動し、その実績を社会に公表し、社会から成長のあり方のチェックを受けて将来の方針作りに反映するマネジメントです。

ただ、どのような組織でも目標通りに実績をあげられるとは限りません。CSRの方針や実行システムにミスや失敗があれば、新しい目標と体制に修正してPDCAサイクルでやり直す必要があります。

ビジネスでミスを犯したとき、地域住民や消費者・顧客からの苦情処理もわずかで組織内部の改善で対応できる場合は、責任の範囲とレベル、社会的な責任の取り方は小さく限られています。

ですが、経営トップが、あらかじめ想定される危険を故意に見逃したり、サボって、予防対策を講じなかったために重大な事故が起こるケースがあります。自然環境への著しい否定的影響、人の生命と健康にかかわる損失をもたらした場合には、就業規則にのっとり、事故の原因と対策を講じた上で、事故を引き起こした最高責任者らを自ら処罰・処分して、被害者への損害賠償にも誠実に応じなければなりません。

企業の社会的責任とは、単なる宣伝文句ではありません。反社会的な結果をもたらした場合には「企業として責任を取る」ことのアピールでもあるのです。因果関係が明らかであるにもかかわらず、重大な事故を起こした企業が責任を取らなければ、その企業のCSRは、「CSRの詐称」「偽装CSR」「宣伝道具のCSR」と言わなければなりません。社会と企業の対立や重大な緊張をもたらす企業にはCSRを語る資格はなく、モラルなき企業として社会的な批判を受け、信用はなくなるでしょう。

「ISO26000（組織の社会的責任の世界規格）」は、「組織の説明責任(accountability)」については述べていますが、結果責任については何も触れていません。企業の社会的責任とは、

①社会的責任を取ることの方針と責任体制の表明

②説明責任（ＣＳＲ活動結果をステークホルダーに情報公開し説明する）
③結果責任（重大な社会、環境への否定的影響をおよぼしたときには経営責任者が処罰、処分されることを担保する）
の３つの要素から成立します。
①と②だけでは、経営者の責任逃れを許す余地があり、ＣＳＲのシステムとしては不十分です。
ＣＳＲを推進する体制と責任者が決められていたにもかかわらず、結果責任を取らなかったケースとして、東京電力の福島原発事故があげられます。東日本大震災（２０１１年３月11日）の揺れによる送電塔の倒壊、配管の損傷、津波による非常用バッテリー喪失などが原因となって、１号機、２号機、３号機の原子炉の冷却システムが停止し、水素爆発を起こし、環境中に大量の放射性物質が排出されました。レベル７という史上最悪の原発事故を起こし、原発周辺に居住する福島の人々は、強制的に避難させられました。現在も放射性物質が大量に残り、汚染された郷土に帰れない住民が多数存在し、生活権が侵害されています。放射性物質の環境（大気と水、地中）への排出は現在も止まっていません。

冷却できなくなった核燃料の高熱（崩壊熱）でコンクリートの隔壁を溶融貫徹し、

溶けたコンクリートや土とともに地中で塊になっている核燃料デブリの所在がわからず、それを取り除く技術的な解決策は見つかっていません。最悪の場合、高温状態の核燃料デブリが地下水と接触すると水蒸気爆発を起こし、東京の首都機能は完全に麻痺します。多数の人命が失われるだけでなく、日本の経済、社会、自然に大打撃を与え、おそらく日本の文明の基礎は長期にわたって失われるでしょう。

原発事故が起こった当時、東京電力のＣＳＲを推進する委員会は２つありました。企業倫理委員会とリスクマネジメント委員会です。前者の責任者は東京電力の会長、後者の責任者は東京電力の社長でした。この２つの委員会は、事故後に、事故に対する謝罪声明も出さず、責任者の処罰・処分も勧告していません。ＣＳＲの結果責任を負うべき最高責任者がＣＳＲ推進体制のトップも兼ねているので、責任者が自ら責任を取ると言わない限り、どこからも責任を問われないなれ合いの体制になっていたのです。

東京電力の株主や取引先企業、原発を国策として推進する経済産業省、原発を推進してきた日本経団連、それらのステークホルダーは、今日まで原発事故の責任を棚上げにしています。いわゆる「原子力村」という特殊な利害関係で結ばれた一種のシンジケート（共通の利害関係で結ばれた横断的なグループ）が作られているのです。東京電力は、原発事故で被災した住民に対する損害賠償の多くを国が肩代わりし、その原資を国民の税金で担保してもらうという恩恵を受けています。この特権的な擁護と責任逃れの構造が、東京電力の原発事故に対する結果責任を免罪しています。

通常の民間企業と同様に、重大な原発事故が起これば、被災者に対して企業単独で損害賠償する自己責任制度に変えれば、日本の電力会社は原子力事業から速やかに撤退し、再生可能エネルギーへの道を選択するでしょう。

企業の責任の取り方を見てみると、責任逃れをする利己的な企業か、社会的な信用度の高い高潔な企業かがわかります。たとえ反社会的な結果や重大な過失を犯しても、経営者自らが率先して潔く結果責任を取り、厳しく反省してこそはじめて社会的な信用回復への1歩を踏み出すことができます。

ＣＳＲへの結果責任を取るという一文は、ＣＳＲ経営を進める上で不可欠な項目として、ＣＳＲレポートの末尾や最高経営者のメッセージの中に明文化しておくことが大切です。

第4章

日本企業ならではのCSRとは？

STORY 4　その土地に合ったCSR

松山空港
ぷ
…なんだよ
くすくす
健太が
色白なの
忘れてた

宇治トマト
たっちゃん
ヒロ
わたし東京行き健太は？
オレも東京
見たところ観光じゃなさそうね
ヒロとたっちゃんの後方支援
いま都内で開催中のイベントに参加してんだ
とまと
健太が後方支援？
最初はオレと親父で参加するつもりだったけど…
今のままだと声と体のデカい健太に頼りっぱなしになるから
東京のイベントは俺たちにやらせてほしいんだ！

うむ
いい考えだ
留守中の
畑はあたしらに
まかせとけ
東京で
いっぱい
学んでこい!
という
ことになった
おー
なんか
オレたち
香織に
会ってから
トマト作りに
対していろいろ
刺激をもらえた
気がする
そこは
すっげー
感謝してる
へへ…
ありがと
ところで
健太

飛行機内に持ち込める手荷物は1個って知ってる?
ちなみにそのデカいのトマトでしょ?
そのままだと預けることになるわよ
荒っぽく扱われるのは嫌っス!
じゃわたしも同じ便に乗るから
半分に分けてわたしの手荷物ってことにするわよ
お願いします!
ゴ
東京
ねえ健太
そのイベントって屋外?
ああ
こりゃ客足に響くな…

最終日の今日に賭けてたんだけど
昨日より売れ行きはよくないかも
在庫もまだ結構残っちゃって
雨じゃしょーがないよな
で？味くらべ人気投票の結果は？
ふ――…
…そっか…
香織！
このあと仕事見学させてくれないか？
ぶっっ
たのむ社長！

なんでそういう展開になるの？
オレの中では急じゃねえんだ！
前から営業の現場ってどんなか生で見てみたかったんだよ！
でもほらオレ就職したことないし
いやでも
健太のイレギュラー行動にはなにかしらの良さがある
以前営業部にほしいと思ったくらいだし…
黙って話を聞くだけになるけどいい？
秘密厳守だよ!!!
おう！

本日は足元の悪いなかありがとうございます
社長の塚本です
突然ですが見学者がいてもいいですか?
ええ まあ… おでこ…
すいません…
村上健太です!
実はこちらもゲストがいまして
奈良県からきました
木下工房の木下ゆかりです
木下工房は一般にはあまり知られてませんが縫製技術の高さで業界では有名な老舗です
ん? ということは!

お察しのとおり
我々はアパレル分野の進出を計画しています
私自身がけっこう寝具の品質にこだわる方でして
リピーターの多い千年堂タオルさんの素材と
木下工房さんの縫製技術のコラボで
最高のパジャマを開発したいんです
この企画
塚本さんの希望だけでなく
木下工房さんの知名度アップも大きな狙いですよね
はい
長く愛される商品を通じて
埋もれているすばらしい技術の価値を高めたいんです

木下工房は現在OEMの仕事がほとんどです
先を見すえて独自の商品開発に乗り出すことを決めました
祖父の代から続くのれんを守っていきたいんです
うん うん
今回の企画のためにいま木下工房の姿勢を伝える紹介文を作ってます
口うるさかった祖父が残してくれた格言などをベースに考えているんですが…
なんかうまく現代的にまとまらなくて
うちからコピーライターを紹介するけど？
これだけは自力で書きたいんです！
あの…
ベースにCSRを加えてみては？
え？

木下工房さんをふくめ日本の老舗には家訓、企業には社是がありますよね
これらはビジネス成功の要点のみを個別に後世に伝えるものだと思うんです

ものによっては宗教的な思想も混ざっていたり

CSRの８つの課題

①組織統治
組織の目的を実行する上での責任ある意思決定とそのシステム

②本業による社会貢献（CSRプロダクツ・CSV）
環境負荷や社会負荷を削減する製品やサービスを創造・開発する

③人権
生存、平等、表現の自由、労働、健康に関する権利、教育や社会保障を受ける権利などを尊重し適切に対応する

④労働慣行
労働者の採用と昇進、異動と配置転換、雇用の確保と終了、訓練とスキル技能開発、安全衛生、労働条件等に関わる方針または慣行

⑤環境
広範囲な地域で行う活動と自社の製品とサービスが引き起こす環境負荷の削減に責任を持つ

⑥公正な事業慣行
汚職の防止や公正な競争など他の組織や個人との取引を行う際の倫理的な行動

⑦消費者課題
公正なマーケティング、安全衛生の確保、持続可能な消費、プライバシーの確保など

⑧コミュニティ参画と開発
雇用の創出、教育や能力開発プログラム、文化の保存、社会的投資など

その内容をCSRの8つの課題に当てはめて考えたらどうかなって
全部じゃなくていいからね
CSRは企業倫理にかかわる国際的な行動基準なので海外でも理解されやすいです
なるほど

加えてこれらを隠さず
積極的に情報公開していくこと
ホームページなどで

ではまたのちほどご連絡します
ありがとうございました！
ペン
あの…
なにが届くかお楽しみ!?
びっくりベジタブル
すいませんあれって
うちが手がけている野菜の宅配サービスです
私の故郷の農家と契約して行っているもので
これから規模を大きくしていこうかと
え☆
うちもゴ
なぜ「びっくり」なんですか？

届く野菜の中に「びっくり」がちょっと入ってますよというサービスなんです
届いた箱を開けるまで何が出るかおたのしみ
セクシー大根
ひょうたんみたいなキュウリ
おだんごマッシュルーム
などなど
農家が身近にない畑を知らない子どもたちは
野菜や果物はスーパーにある色やサイズのそろったものしか知りません
だからこそ「規格外品」の面白さを通じて日本の農業のすごさを知ってもらいたいんです
さっきのCSRとつながりますね
通常なら流通に乗らない生産物の価値を高め
お客様を笑顔に
私たちのビジネスが育つ
私なりの「三方良し」ってやつですね

おつかれー
よかったね健太取引先ゲット！
おう！
トマトももらってくれたしな！
あ
2人と合流しなくていいの？
らしいよ
あいつらもう1泊して東京見物する気だな
京急線を見てきます☆
秋葉原へ行ってきます☆
んじゃ
カンパイ！
しっかし
すげーな香織は

オレがひとりで東京来てもこんなに上手くは
いきなり仕事に同行した健太の運の良さだよ
わたしなんかより今日会った塚本さんのほうがすごいって
CSRを軸にしたビジネスを作り上げるアイデアがうらやましい
わたしはまだ本業であんなふうにできて
「つなげる力」
ってすげぇと思うオレは

オレはまだCSRのことくわしく知らねえけど
さっき塚本さんが言ってた「三方良し」ってのはつまり
良い「つながり」ってことだろ？
ってことは「つながり」なしにCSRは成り立たない
香織はCSRしたい人たちをどんどんつなげていってるようにオレは見える
儲けのあるなしに関係なく
だからえーとつまり…
あれ？
何を言おうとしたんだっけ？

へへっ
なんか
いま
褒められたのに
告られてる
みたいだった
そう思って
くれて
かまわねえよ
びくっ

はい
お久しぶり
デート
日和だね
どう？
新しい彼氏とか
できた？
なんか
見すかされてる
気が…
いやぁ
急に呼び出して
悪かったねぇ
お座り
なさい
経営学会で
講演…
わたしが？
そう
日本のCSRに
ついて

私みたいな年寄りが壇上でしゃべってもみんな寝ちゃうからね
おいしい？
超うまいです
あなたみたいにお若くてきれいで最後までスピーチできるかドキドキするほうが聞いてくれるでしょ
何言ってんですか広告代理店元営業をナメないでくださいよ
うーん
日本的CSRですか…
わたしもまだこれっていうのが見えてるわけじゃ…
香織さんあのね
聴衆は机上の理論よりリアルを欲している
いま現場を駆け回っているあなたの体験を通して感じた言葉を紡ぎなさい

経営学会
CSR研究
ただいま ご紹介に あずかりました
谷村香織です
株式会社 千年堂タオルの 2代目社長を しています
タオルで有名な 今治で高校時代までを 過ごしました
当時 安い中国産タオルに 押されてもー 今治はダーメだなー ってあっさり 見限って
わたしが 大学・就職と 東京で生活 している間に
I ♡ TOKYO
父親が開発したタオルで 海外で賞を取るという 成果をあげてまして
わたしの 先見の明のなさを 見事にさらして しまいました
その父から継いだ 会社は2年前に 経営がヤバくなって 民事再生を 経験しました
やーもー
あ、でも CSRのせいで ヤバくなったわけじゃ ないですよ
ははは
は
ま
は

本日お話するのは日本的CSRについてなのですが
そもそもCSRとは企業の倫理的な行動を標準化したマネジメント理論です
企業や社会の持続可能な成長を目的としたツール（手段）ですね
CSRはEUを母体に成立したものですが
日本にも独自のこれに近いものが以前から多様なかたちで存在していました
社是
格言
近江商人
三方良し
経営理念
家訓
陰徳陽報
先義後利
個々に生み出された商業道が日本で老舗を作り上げてきたともいえます
よく知られているワードは「三方良し」ですね
わたしの父はお客や地元によろこばれこそすれ陰口叩かれるようなことはやらないという信念を持っていました
わたしの幼なじみで農家の男性は三方良しを仕事を通じて良いつながりを作り上げることなのだと思う、と語ってくれました

近年CSRを実践していない企業は社会的信用を受けられないリスクが高まってきています
社会的な信用実績が企業の価値判断の有力要素となってきたからです
グローバル企業、その下請け企業は今後さらにCSRの要請が高まるでしょう
CSR導入の際の注意点ですが
いま話題になっているからと表面的に扱うものではないということです
CSRは企業のより深い根幹にかかわるものだということを忘れてはいけません
みなさんの会社に経営理念や社是創業以来大切にしている全社の目的や目標ってありますよね？
これをCSRの8つの課題に当てはめてみてどの程度実施できているか自己評価してみてください
体の健康チェックみたいに
すでに実施できているものもあれば不足しているものにも気づくことができます

ＣＳＲの８つの課題には従業員の働かせ方についての記述があります
日本企業にとっては扱いが難しい項目かもしれませんが
就職活動中の学生が残業の多い企業を警戒している事実があることをふまえれば無視できませんよね
もうひとつ大切なこと
ＣＳＲはこっそりやるものではありません
情報公開が原則！
ＳＮＳアカウントを作ったはいいけど更新するネタに困っているならどんどんアップしてください
地元のお祭りに参加しました
道路の清掃してます
社員の健康のために生活習慣病予防セミナーを開催
売名や偽善になるかもと遠慮せず正確な善行の実績として公表しましょう
最後に
これはわたしの個人的意見ですが
ＣＳＲは急にやってでき上がるものではないと思います

わたしの父はCSRの先駆者と呼ばれていますが
その中身はというと目の前の事態に追われる毎日の積み重ねでした
わたしは亡き父の築いた千年堂タオルとともにCSRを受け継ぎましたがまだまだひよっこです
CSRは骨格のようなものです
その土地に合わせて肉づけしカスタマイズされるものだと父の友人が教えてくれました
ベンチャー企業の社長でCSRに根差したビジネスをいくつも立ち上げている人を知っています
私には彼のようなセンスはありません
でも一緒に仕事をすることができて新たな広がりを得ることができました

国・地域 業種・世代など CSRは単独よりも縦に横に結びつくことでその効果が強くなると感じています
オーガニックコットン 原産国での 衣料品製造拠点 設置について
GO!
つながってもまれて磨き上げられていくものなのだと思います
おじいちゃん それ 誰からの手紙？
知り合いの社長さんからなんだけどね

なーんか
パンダみたいな
人と結婚した
らしくてねぇ
おでこが…
パンダ！
じゃあきっと
幸せに
なれるね！
今後とも
よろしくお願いいたします

試行錯誤しながらもCSR経営を続ける香織。そんなある日、「日本のCSRについて」の講演を依頼される…。

次のページからは、香織が講演で語ったように、日本企業ならではのCSRとは何なのかを、改めて学んでいきます。

日本の商人道とCSRの共通点

共通点から日本的CSRのあるべき姿を考える

第3章まででCSRの意味や成立の背景、どのようにして実践するかについて考えてきました。その中で、持続的な経営や企業の倫理、人権の尊重など、これからのCSRのマネジメントが抱える課題を学びました。

特に、金儲け本位で企業の経営を進めることは、経営のリスクを高めることを理解していただけたと思います。

さて、ここで気がつくのは、CSRは日本の企業が尊重してきた伝統的な商人道と共通する点が実に多いということです。日本的な商人道とCSRの経営思想との共通点と相違点を比較し、これからの日本的CSRはどうあるべきかを考えます。

まず、次の3つの側面から両者の共通点を考えます。

①持続可能な成長を目指す

韓国銀行の調査によれば、日本には、創業200年を超える長寿企業は3146社あり、第2位のドイツ（837社）を引き離して第1位です。第3位がオランダ222社、第4位がフランス196社で、世界の長寿企業の56％が日本に存在しています。

この事実は、CSRの理想とする持続可能な成長、すなわち長期にわたる企業の繁栄の秘訣を日本の長寿企業の歴史や経営ノウハウから学ぶことができるということです。

ただ、長寿企業の数が多いということだけで日本企業を一面的に美化してはいけません。現代的なCSRという責任ある課題に取り組む持続的な成長と、これまでの日本の長寿企業の成長がまったく同じものだと早合点してもいけません。

そうではなく、老舗と言われる日本の長寿企業には、持続的な成長に共通する経営哲学があることを知ることこそが大切なのです。

呉服や和食器、日本料理のお店の玄関などに掲げられている「のれん」には、たいていその企業のマークが染め抜かれています。のれんはその店の信用を表すもので、「のれんを守る」という言葉があるように、信用を汚さずに守り抜いた企業の長期にわたるブランドの証明です。伝統を守ることも尊重するが、伝統にあぐらをかくのではなく、革新的な商品の開発や組織改革を行って、時代と顧客の要請に応えることも家訓にしています。

創業２００年と一言でいいますが、実際に継続させるのは至難の業です。ある企業の第１世代の社長が30年間続くとします。第２世代がそれに続くわけですが、血縁関係による世襲制の欠点として、親族争いや身びいき、なれ合いが生まれたり、従業員の世代も変わって企業の将来に対する考え方が大きく変わるかもしれません。

長寿企業は比較的規模が小さく、血縁関係が深いファミリー企業が多いと言われます。身内意識の弊害を克服するために、企業の経営の権利を跡取り息子に直ちに譲るのではなく、別の会社で修行させ、社会の荒波にもまれてから父親の会社に戻って、現場の仕事の体験、会社役員のプロセスを経て社長業を継承するという教育法も有効でしょう。

親の会社の後継のレールを最初から決められると、若い後継者もたしかに苦痛に思うでしょう。ですが、いったん会社経営を経験すると、親から引き継いだ遺伝子の影響のせいか、社長業に専念するようです。企業の継承者も伝統にこだわらず、時代にあった商品の革新を行い、残すものは残し、残さないものは残さない、という意思決定も大切になります。京都の日本料理店「平八茶屋」の店主は、「伝統というのは革新です」と述べています。

一見すると保守的な考えに見られますが、質素倹約を旨とし、賭け事や刹那的な投機を戒めていることも長寿企業の特徴です。

苦労して叩き上げた創業者であっても成金になってぜいたくな生活で身を滅ぼしたり、「長者3代続かず」ということわざのように後継者の育成に失敗する例は多く見られます。目前の経済活動だけでなく、時間軸を100年、200年の単位で事業継承のリレーを構想し、そのための人材育成を常に準備している長寿企業には、持続可能な成長のノウハウが蓄積されています。

②ステークホルダーとの関係を大切にする

CSRは「ステークホルダー（利害関係者）」との良好な関係を維持し改善して、双方の利益を満たしながら組織の成長をはかる「ステークホルダー資本主義」の考え方に立っています。この考え方は、1930年代にバーナードが提唱した「組織均衡論（『経営者の役割』の中で説明されている）」の現代への応用（リニューアル版）と言えます。

バーナードは、企業と株主、従業員、消費者、取引先、官公庁などのステークホルダーとの間で、貢献と誘引のバランスをとるのが経営者の役割であると主張しました。

例えば、企業は従業員に賃金を払い（誘因）、従業員はそれに対して労働でこたえる（貢献）。このように、双方がこの関係に満足するように組織のバランスをはかることが経営者の役割であると述べています。

第1章でも触れましたが、ステークホルダーの各主体が、それぞれの貢献と誘引に満足するかは、双方の主観に任されています。そのため、解決できない対立が生じたときには、バランスが崩れることもあるため、企業とステークホルダーが双方ともに100％満足するとは限りません。どのステークホルダーと利害関係を共有するかによっても、企業の成長の方向性が決まります。持続可能な社会を目指さない悪徳ステークホルダーとの均衡は、持続不可能な成長に向かい、事業に失敗をもたらす危険も生まれます。

東芝は原子力エネルギーの持続不可能性を見誤ってアメリカのウェスチングハウス社を高額で買収し、原子力発電事業に深入りしたことが今日の経営危機を招きました。しかし、持続可能な成長をともに目指すステークホルダーとのコミュニケーションを深めて民主的な運営がなされるなら、このステークホルダーと共同する成長モデルはおおむね正しいと思われます。

実は、日本の封建時代の商人道を代表する「三方良し《さんぽうよ》」の哲学は、現代のステークホルダー資本主義にほぼ共通する世界に先駆けたCSRの思想です。「売り手良し、買い手良し、世間良し」という全方位的なステークホルダーへのバランスある相互利益を尊重する思想は、1754年に近江商人の中村治兵衛宗岸が書き残した遺言書の中に明確に記されています。

「…たとへ、他国に行商にでかけても、自分の持参した衣類等の商品は、出向いて行ったその国のすべての顧客が気持ち良く着用できるようにこころがけ、自分のことよりも先ず、お客様のためを思って計らい、一挙に多くの利得を得ることを望まないで、何事も天の恵み次第であると謙虚な態度であること。ひたすら商品をお届けした地方の人々のことを大切に思って商売をしなければならない。そうすれば、天道にかない、心身ともに健康に暮らすことができる。自分の心に悪心の生じないように、神仏への信心を忘れないこと。持ち下り行商に出かけるときは、以上のような心がけが一番大事なことである」（サンライズ出版編『近江商人に学ぶ』サンライズ出版）

ここに記された遺言書は、今日、三方良しの商人道の原文と言われており、今年の取引だけでなく、来年の取引でも持続的なビジネス（商売）を確保するために、顧客との信頼関係をもっとも重視していることがわかります。

近江商人の塚本定次は、明治時代、滋賀県五箇荘の治水と治山に努め、「治水・治山の父」と敬愛されました。

植林事業に大金を寄付した動機を次のように述べています。

「この金がなくなる頃には山林も繁殖するであろう。自分は見届けられないが、天下の公益のためなら仕方がない。50年先の仕事をしておくつもり」（前掲書）

２５０年以上前に、日本の商人は、ＣＳＲの経営思想を確立し、今日まで実践し続けてきたのです。日本人はこの歴史を学び、その商人道に自信と誇りを持つべきでしょう。

③社会貢献型経営（ＣＳＲ）はビジネスの王道

マッキンゼー・アンド・カンパニーの役員であるドミニック・バートンは、米国企業のＣＥＯ（最高経営責任者）の平均在任期間が次第に短縮化している（10年間から6年間へ）ことや、１年を４分割した四半期ごとの決算をもとに企業の業績が評価されている現状は、長期的に見ると「投資家資本主義（Investor Capitalism）」になり、会社経営をゆがめるのではないかと警告しています。

米国企業の株主が持つ株式の平均保有期間が約7年（1970年時点）だったのが、2011年時点で約7ヵ月にまで短縮されています。ハイパースピードトレーダー（ほんの数秒しか株を保有しないで株を連続的に売買する短期株主）が米国株式の約70%を占めているのです。株主は、名目上は企業の所有者であるが、上記の短期株主は株式の売買ゲームでキャピタルゲイン（資本利得）を稼ぐことだけを目的としています。このようなマネーゲームで自分の金儲けだけを目的とする意地汚いトレーダーに、企業の持続可能な成長や企業倫理が理解できるでしょうか。

農家は優れた農産物を、自動車会社は環境に配慮した安全な自動車を、旅行会社は良い観光商品を、金融機関は良い事業を行う企業に資金を提供して、その後に利益を得ます。

持続的な成長では、人間生活の富を先に提供した後から利益が生まれます。社会貢献、環境貢献型のビジネスに徹すれば、最初は回り道のように思われても後で利益が生まれること（先義後利《せんぎこうり》）は、日本の長寿企業の蓄積ある歴史が証明しています。

東大阪市にある段ボール製品の製造と販売をしているマツダ紙工業の松田和人社長は、２０１１年３月11日に発生した東日本大震災の惨状を見て、被災者のお役に立つことはないかと真剣に考えました。

そして、被災した住民が体育館などに避難し、プライバシーもなく押し込まれている状況を見て、自社の段ボールで作られた間仕切りセットを無償で送ることを従業員全員で話し合って決めました。

行政に運送を断られたので、自分たちのトラックにダンボール製品（間仕切りセット、後には女性の更衣室や整理ダンス、子供用の段ボール大相撲セット）を満載して、今日まで総計12回にわたって被災者に支援物資を運びました。届けた先は、学校の体育館や幼稚園、保育所など約20カ所にのぼります。

白い背景に赤い文字で「がんばろう日本」と書かれた間仕切りセット。記憶にある方も多いのではないでしょうか。

取引先のない無償の製品提供を続けるうちに、会社の経営も思わしくない状況に陥り、途中で会社が潰れるかもしれないと不安になったといいます。そのとき、福島県の被災者から毛筆で書かれた被災者支援への感謝状が届きました。その手紙を見て励まされた松田社長は「やれるところまでとことん支援しよう」と決断し、従業員も全員が奮起したそうです。

マツダ紙工業の無償の貢献を世間（福島県民）は忘れず、その善意を受け止めて感謝を表明しました。

このような社会貢献活動は大企業にはリスクが大きくてとても真似はできません。アメリカ経営学の常識からすると、あまりにも不合理な決定で、自社を倒産に追い込む自殺行為と見なすこともできます。そう、これは人を救済するために、中小企業の技術の総力を投じた命がけの社会貢献であり、究極のCSRと言えます。

現在、同社はこの支援活動を通じて、災害時の更衣室やトイレ、タンスなども開発して、高品質の段ボール製品を製造するメーカーになりました。この社会貢献活動を通じて、メディアでの紹介や思わぬ方面から注文が入ってくるようになったそうです。社会貢献活動は、たしかに企業の負担（自己犠牲）ではありますが、回り道をして、社会的な評価となって返ってくるのです。

マツダ紙工業は、この活動の実績が高く評価され、東大阪市の第1回CSR経営表彰事業（社会貢献部門）で優秀賞を受賞しています。

中小企業家同友会全国協議会（中同協）という中小企業家の団体は、2011年3月14日に、東日本大震災復興対策本部を設置し、新潟、宮城の同友会の奮闘もあって、日本海側からの支援物資の供給ルートを確保し、総力をあげて被災者支援の活動を行いました。南三陸町のタカノ鐵工は、社屋を避難所として開放し、327名のお年寄りを津波から守り、全社員一丸となって国道の復旧作業に従事しました。3月15日～4月5日までの大震災への中同協からの支援物資は次の通りです。

米（10・5トン）、水ペットボトル（1万本）、インスタントレトルト食品（19000食）、缶詰（3400個）、衣類・靴（65000点）、毛布（3200枚）、マスク（76万枚）、トイレットペーパー（1万巻）、懐中電灯（1300本）、カイロ（19万個）、乳幼児用オムツ（18000枚）。

経済的な報酬を度外視して自発的に被災者支援に取り組んだ日本の中小企業の社会貢献の実績は特筆に値するものであり、日本人としての強い連帯感と中小企業者の絆の深さを感じ取ることができます。

日本の商人道とCSRの相違点

相違点から日本的CSRのあるべき姿を考える

続いては、3つの側面から両者の相違点を説明します。

①情報の公開

CSRは、全ての活動項目において計画目標と実績を公開します。情報を公開することで、企業の社会的責任の到達点を正確に評価してもらい、ステークホルダーとのコミュニケーションが深まります。もちろん、ビジネス上の取引で得られた情報や重要な技術など企業機密にかかわる情報まで公表する必要はありませんが、正しい情報を公開する企業の姿勢からステークホルダーに誠意が伝わるのです。

ところが、伝統的な老舗や長寿企業の中には、「陰徳陽報《いんとくようほう》（人知れず社会的に良いと思われる徳を積むとやがて目に見える恩恵がもたらされるという格言）」という儒教思想の影響に縛られ、CSRの情報公開に消極的な企業があります。CSRの情報を公開することは売名行為につながるのではないか、神社や被災者への寄付行為の公表が恩着せがましいとの批判を受けることを恐れて、社会貢献の情報を公開しない企業も一部にあります。

この考え方は、奥ゆかしく控えめで売名行為を嫌う日本的商人道の哲学です。ですが、社会貢献の事実にもとづき、過大広告や過剰宣伝にならないように節度を持って公開することをためらう理由はないでしょう。その企業に働く従業員やその家族、消費者、株主にとっても企業に対するロイヤルティ（忠誠心）や信頼感を強めることになります。

②環境責任

これまでの日本の長寿企業（特に中小企業）は、地球環境問題に対する方針を取り込んで実行するというマネジメントで立ち遅れており、それは日本の中小企業の弱点でもあります。温暖化対策、廃棄物削減とリサイクル、有害化学物質の削減、生物多様性の保全など、全てではなくとも持続的に、計画的に取り組まなければなりません。地球環境問題は三方良しの中の「世間良し」にふくまれる項目ですが、伝統的なマネジメントにはない環境マネジメントシステムの独自の理論と知識を学ばなければ、有効な計画と実践は期待できません。そのため、中小企業向けの「エコアクション21」や大企業向けの「ＩＳＯ１４００１」の認証取得をおすすめします。

③企業倫理の世界標準とビジュアル化

ＣＳＲは、世界的な企業倫理行動の標準であり、ガイドライン。今世紀に入って初めて企業倫理の行動の基準がビジュアル（一目瞭然）化されたものです。この国際的な潮流は、国連の働きかけもあって金融機関や投資家にも大きな影響を与えています。

現在、「ＥＳＧ（Environment,Social,Governance：環境、社会、組織統治）」という基準から、優れたＣＳＲ活動を行う企業へのＥＳＧ投資が急速に拡大しています。

ＮＨＫの「ウィークエンド現代」という番組が２０１７年9月27日に特集した「２５００兆円超え⁉ 世界で急拡大〝ＥＳＧ投資とは〟」によると、環境と人権問題に熱心に取り組む企業には投資する一方、熱心に取り組まない企業からは資本を引き上げる動きが明確になっています。その運用額は世界で２５００兆円です。この投資額は世界の投資額の４分の1を占め、急成長しています。

世界における金融機関のＣＳＲとも言える「ＳＲＩ（社会的責任投資）」で大きく立ち遅れていた日本の金融機関ですが、ようやく年金基金を運用して1兆円の投資を始めるなどＥＳＧ投資を加速させています。

日本企業のＣＳＲ活動の結果を積極的に見える化して世界にアピールしないと、企業規模を問わずＥＳＧ投資やＳＲＩの対象から外されるリスクをはらんでいます。

これからの日本的CSRとは？

事大主義に流されない

「事大主義《じだいしゅぎ》」とは、自分の信念を持たず、支配的な勢力や風潮に迎合して自己保身をはかる態度や考えを言います。

日本の経営学のテキストを見ると、英語やカタカナ表記の専門用語のオンパレードです。この１２０年近い経営学説の歴史を見ても、その多くが欧米（特にアメリカ）の研究者が創造した理論です。つまり、経営学という学問分野だけを見ると、日本人が開発したマネジメントの学説は野中郁次郎博士（一橋大学名誉教授）の「知識経営論」以外にはありません。

日本に普及している経営学の理論や知識の多くは、海外から輸入して成立してきたのです。ＣＳＲにしてもＥＳＧ投資にしてもステークホルダー論にしても日本人の研究者が開発し、世界に発信したものではありません。

海外の研究から学ぶことは重要ですが、これからは海外コンプレックスから脱却し、日本発のＣＳＲの理論やノウハウを世界に向けて発信する努力が全ての経営学研究者、ビジネスパーソンに求められています。

1980年代に一世を風靡《ふうび》し、アップルのスティーブ・ジョブズも尊敬していたソニーの盛田昭夫氏の著書『MADE IN JAPAN』は、ソニーの経営史を振り返りながら、「Japanese Management（日本的経営）」の優位性を英語でアピールした独創的な作品でした。ものまねを嫌う盛田氏にふさわしい偉業でした。

これからの日本のビジネスパーソンも、先人に見習うべきではないでしょうか。

日本の流儀でCSRを具体化する

これまでにも触れたように、日本は、四季折々の自然、文化、匠、禅、儒教、仏教、農村、風土などの要素が織り合わされ、独特の歴史的な風土を形作ってきました。この環境の中でつちかわれた商人道は、現代のCSRにも通じる大切な倫理観を示しています。

この伝統と革新的な精神を発揮して、新しい日本的なCSRのビジネスモデルを創造しましょう。

177ページでも紹介しましたが、無印良品で知られる良品計画のコーポレートメッセージからは、「侘《わ》び寂《さ》び思想」など日本の伝統的な文化や思想を生活品のアイデアに取り込んでいることがわかります。最近の同社によるコーポレートメッセージから日本的CSRの具体例を紹介しましょう。

「自然、当然、無印」。
自然には印がありません。多くの命と森羅万象がよりよく生きた結果が自然です。無印良品はこの自然をお手本に開発を進めています。

「繰り返し原点、繰り返し未来」。
隅々まで掃除が行き届き、清潔な日本の伝統的な家屋は心地よさを生み出します。

ものをたくさん見せるのではなく、最小限であることが心地よくします。徹底して無駄を省き合理化することで物の本来の魅力を輝かせることができます。繰り返し原点、繰り返し未来を合言葉にこれからの時代に求められる良品像を消費者とともに考えていきたい。

「茶室と無印良品」
慈照寺（銀閣寺）は、応仁の乱で戦争に嫌気をさした足利義政の別荘であり、その中の東求堂「同仁斎」は、日本の和室の原型（書院造り）になったと言われています。千利休によって確立された茶の湯は、シンプルな中に日本人独特の美意識を見ることができます。無印良品も簡素さの中に美を求めていきます。

以上、日本の伝統的な文化を象徴する茶室や生け花、日本庭園などの侘び、寂びの精神（和の心）にもつながる美意識を継承して、現代的にアレンジした生活用品の構想力は日本ブランド「MUJI」として実を結び、今や世界市場から高く評価されています。

このように、ＣＳＲという横文字を使わなくとも、日本的な優れた価値観から、経営理念や社是を見直し、ＣＳＲが求める会社の社会貢献のあり方を製品やサービスの中に具体化することが大切です。

個々の国の伝統や文化、風土、産業特性に根ざしたＣＳＲのビジョンを描くことが求められているのです。

日本的CSRの担い手を育てる

日本人は起業に消極的

日本のCSRには明るい展望があるという話をしてきましたが、日本の若者もふくむ日本人が起業に消極的であるという事実を取り上げて、日本的CSRの担い手をどのように育てるかを考えてみましょう。

2001年〜2013年までの先進6ヵ国の起業態度を調査した結果では、起業の知識、能力、経験指数などから分類される「起業態度0」のグループの割合が一番高かったのは日本（77・3％）です。次に、イタリア（50・1％）、フランス（39・2％）、イギリス（36・0％）、ドイツ（30・6％）、アメリカ（22・9％）の順でした。残念なことに、日本人の多数は起業に積極的でないことがわかります。

経営に関与している起業家の人数の成人人口に占める割合（総合起業活動指数）でも日本は3・7％で、7ヵ国中第6位でした。ちなみに、第1位は、中国（14％）、第2位はアメリカ（12・7％）でした。この傾向はこの20年ほど大きく変わっていません。

ある国の起業活動が停滞または衰退しているとすれば、その国の経済成長に否定的な影響を与えます。企業にも寿命があり、開業して新規に経済活動を行う企業もあれば、廃業する企業もあります。そして、日本の廃業率が開業率を上回り、企業数は減少に転じているのです。

なぜ日本人は起業をしないのか?

起業に対して日本人が消極的であるという事実は、何を意味しているのでしょうか。いろいろな原因があげられると思いますが、最大の要因は、日本の学校教育で起業家を養成するカリキュラムや実際にビジネスで活躍する経営者などとの接触や交流が不足していることが大きいと思われます。

特に、日本の中学校、高校は有名大学への進学実績で進学校として評価される風潮に流され、受験勉強の指導に血眼になっています。社会的な問題を考えて解決策を模索し、仲間と組んでビジネスプランを作成したり、関連する企業に出向いて社会と切り結ぶ経営実務の体験教育が決定的に不足しています。

大学の経営学教育も、経営学の理論や知識は教えますが、一部の大学を除き、ほとんどの大学は本気で経営者を養成する目的で起業家教育を実践する制度や体制を持っていません。これに、少子高齢化で若者が少なくなっていること、若者の安定志向、海外に留学する日本人学生の減少、大学生の学習時間が減少している、などの要因が重なって、起業への関心の低下や意欲不足という日本的な傾向が生まれているのではないでしょうか。

起業家に求められること　日本社会に求められること

起業して社長を目指そうとする者は、独立心が旺盛で、多少のリスクがあってもそれを覚悟して成功へのシナリオを描き、自分の目標である夢を実現する行動力が求められます。これまでにない新しい経営ビジョンと社会的な大義を掲げ、他人を啓発し、組織して、様々なステークホルダーからの支持を取りつけていく総合的な人間力もまた必要です。

一方、日本の社会は、成功者や勝者を称讃しますが、ビジネスに失敗したり競争で負けた者には冷淡です。ビジネスの世界は非情なもので、優勝劣敗があることは事実ですが、失敗から学んで次のチャレンジを準備したり、人間として起業家が成長していく姿を暖かく見守り、育てる大きな度量が日本社会に求められています。

欧米にはチップ（tip）というお客さんからの心付け（ご祝儀）の慣習があることはご存知だと思います。現代日本にはこのチップ制度はほぼないので、海外旅行ではこのチップ制に慣れるまで大変です。

チップは企業に雇われた従業員がレストランやタクシーなどを利用したお客さんから受けとる報酬（企業や店から支払われる賃金とは別）です。サービスを受けた従業員に対する客からの謝礼なので、本来はチップを払うかどうか、どの程度支払うかは自由ですが、実際にはそれを支払うことを前提に賃金が低く決められている事情もあるので、従業員は少しでも高いチップを求めて懸命に働こうとします。

客の方も、ほんのわずかな時間でも気持ち良く接客してもらったお礼を弾むことで、従業員に感謝の気持ちを示し、励ます意味もあります。

ニューヨークの路上で演奏する音楽家の前に置かれている大きなバスケットに支払われるチップは正規の演奏会の入場料とは異なるので、つまらない演奏に対して支払う義務も強制もありません。

しかし、ニューヨーカーは、そこそこのレベルの演奏に対しては、ドル札や小銭を払って、楽しい時間を過ごせたことに感謝を表します。また、音楽家も聴衆の反応やチップの稼ぎから自分の実力を認識して、成長していきます。そうやって、これからプロになるかもしれないミュージシャンやアーティストを市民が支援し、育てているのです。

日本的CSRを実践する起業家が増えるには

日本の教育機関と産業界が連携して、初等、中等、高等教育の中に起業家教育のコースとカリキュラムを作成し、持続的な財政的支援とインフラ体制を作って、起業に対する不安を解消し、起業を考える若者に対して社会的なサポートが存在することを子どもたち（未来の大人）に示すことが必要でしょう。

起業家とはどのような人物で何をきっかけに起業したのか、経営者はどのような社会貢献をしているのか、CSRビジネスをビジュアル化してビジネスの疑似体験のチャンスを作るなら、企業経営に対する国民の考えが変化するでしょう。

起業を考える者に対するサポート体制が確立すれば、経営者や起業家に対する憧れや親近感、尊敬の念にもつながるはずです。

個性的なものの考え方、大胆な提案や批判的な考えも許容されるようになれば、自己主張し、自立した世界観がつちかわれて、CSRの知識も身につけた優れた若きリーダー（将来の起業家）が育ちます。彼らは、学生や生徒の自治能力を尊重し育んで学校内で横行する少数の者へのいじめなどの愚行を正して模範を示すでしょう。

知識偏重型の受験教育から知識の活用と考える力、正義感、行動力、組織力を持った人材育成型の教育にシフトするなら、ＣＳＲ起業家がのびのびと育つ持続可能な日本社会が誕生するでしょう。

おわりに

ＣＳＲ経営には、室町時代から現代にいたるまで続いている日本人の「宝船」信仰との共通点が見られます。

宝船とは、七福神が船にのり宝物をのせて福を運んでくるという日本人の世俗的な信仰です。この信仰には、日本的ビジネスの成功に対する哲学とモラルある企業の繁栄を示唆するメッセージがふくまれています。

宝船にのる七福神には障害者（恵比寿天、福禄寿）だけでなく、中国やインドの神様（恵比寿天のみ日本の神）もふくまれ、知恵や慈愛、芸術など福と徳にかかわる万能の神様がそろっています。ダイバーシティ（人種や性別、障害にかかわらず差別されないで働く機会を保障すること）とインターナショナルな7人の神様が満面の笑みで宝物をのせてこちらに向かってきます。徳のある行動をした企業は、社会的・経済的な成果がもたらされる「先義後利」「陰徳陽報」を絵に描いたものではないでしょうか。

この宝船をＣＳＲ経営に置き換えて、福と富をもたらす企業と社会の関係を説明します。

宝船は企業そのもので、企業を公正な成長に導く頑丈な乗り物（ＣＳＲ）です。宝船が進む大海は世間（社会）です。宝物（米俵やサンゴ、金銀の貨幣など）はこの本でも触れたＣＳＶあるいはＣＳＲプロダクツです。七福神は、企業の経営者（船長）であり従業員（乗組員）です。企業の進むべき方向をアドバイスしたり相談相手になるステークホルダーは、宝船の行く先を示す羅針盤（コンパス）です。ＣＳＲの航海目的と正しい進路を持たない企業は、方向を誤り嵐にあって座礁したり、沈没してビジネスに失敗します。

日本的ＣＳＲまたは日本的商道モデルを創造しようとする企業は、この宝船をイメージして、志を新たに福徳がもたらされるビジネスの大海に乗り出してみてはいかがでしょうか。

参考文献

日本規格協会編『ＩＳＯ２６０００：社会的責任に関する手引き』日本規格協会、２０１１年
日本経済新聞社編『２００年企業』日経ビジネス人文庫、２０１０年
小倉昌男『経営学』日経ＢＰ、１９９９年
横石知二『そうだ、葉っぱを売ろう！』ＳＢクリエイティブ、２００７年
帝国データバンク『百年続く企業の条件』朝日新聞出版、２００９年
松井忠三『無印良品は仕組みが9割』角川書店、２０１４年
京都百味會編『京都老舗百年のこだわり』幻冬舎、２００４年
野中郁次郎・紺野登『知識経営のすすめ～ナレッジマネジメントとその時代～』ちくま新書、１９９９年
野中郁次郎・竹内弘高『知識創造企業』東洋経済新報社、２００１年
大阪府商工会連合会『地域から信頼される企業をめざしてＣＳＲ事例集』２０１７年
中小企業家同友会全国協議会東日本震災復興対策本部『記録集 中小企業家の絆』２０１２年
日本比較経営学会編『原発問題と市民社会の論理』（比較経営研究第41号）、文理閣、２０１７年
足立辰雄・井上千一編著『ＣＳＲ経営の理論と実際』中央経済社、２００９年

足立辰雄編著『サステナビリティと中小企業』同友館、２０１３年
足立辰雄『現代経営戦略論～環境と共生から見直す～』八千代出版社、２００２年
C.I.Barnard, *The Functions of the Executive*, 1938（『経営者の役割』［邦訳］ダイヤモンド社、１９６８年）
Francesco Perrini,Stefano Pogutz and Antonio Tencati, *Developing Corporate Social responsibility ; A European Perspective*, 2006
Freeman.E.,Martin.K.,*Parmer.B*, "Stakeholder Capitalism." *Journal of Business Ethics*,2007
Freeman.E., "Stakeholder Management : Framework and Philosophy." edited by Andrew Crane and Dirk Matten , *Corporate Social Responsibility*, Vol.2 , 2014
M.E.Porter and M.R.Kramer, "Creating Shared Value." *Harvard Business Review*,January-February 2011
M.E.Porter and M.R.Kramer, "Strategy & Society, The Link between Competetive Advantage and Corporate Social Responsibility." *Harvard Business Review*, December 2006

足立辰雄（あだち　たつお）

1952年、大分県生まれ。1983年、立命館大学大学院経営学研究科博士過程単位取得退学。その後、宮崎産業経営大学経営学部専任講師・同助教授、京都創成大学教授などを経て、現在、近畿大学経営学部教授。
著書に『現代経営戦略論』（八千代出版、2002年）、『環境経営を学ぶ』（日科技連出版社、2006年）、『原発・環境問題と企業責任』（新日本出版社、2014年）、『ビジネスをデザインする』（[編著] ミネルヴァ書房、2016年）、『サステナビリティと中小企業』（[編著] 同友館、2013年）、『CSR経営の理論と実際』（[共編著] 中央経済社、2009年）、『サステナビリティと経営学』（[共編著] ミネルヴァ書房、2009年）など多数。

シナリオ制作／田中裕久
作画・カバーイラスト／浜之こうし

マンガでやさしくわかるCSR

2017年12月10日　初版第1刷発行

著　者――足立 辰雄

発行者――長谷川 隆
発行所――日本能率協会マネジメントセンター
〒103-6009　東京都中央区日本橋2-7-1 東京日本橋タワー
TEL　03(6362)4339(編集)／03(6362)4558(販売)
FAX　03(3272)8128(編集)／03(3272)8127(販売)
http://www.jmam.co.jp/

装　丁――ホリウチミホ（ニクスインク）
本文DTP――株式会社明昌堂
印刷所――シナノ書籍印刷株式会社
製本所――株式会社宮本製本所

ISBN 978-4-8207-1981-6　C2034
落丁・乱丁はおとりかえします。
PRINTED IN JAPAN